Gerhard Goldmann

Deutscher Kaiser und Muslim?

Über die Beziehungen Friedrichs II. von Hohenstaufen zum Islam

© 2006 Gerhard Goldmann; 4. Auflage 2019
Herstellung und Verlag: Books on Demand, Norderstedt
ISBN: 978-3-8334-6821-6
Bibliographische Information der Deutschen Bibliothek: Die
Deutsche Bibliothek verzeichnet diese Publikation in der
Deutschen Nationalbibliographie, detaillierte bibliographische
Daten sind im Internet über http://dnb.ddb.de abrufbar.

Inhaltsverzeichnis

Einleitung

Friedrich II., Kaiser des Heiligen Römischen Reiches, König von Sizilien und Jerusalem, starb am 13. Dezember 1250 im apulischen Castel Fiorentino, achtzehn Kilometer nordwestlich der von ihm gegründeten Sarazenen-Stadt Lucera. Bekleidet war er auf dem Totenbett mit der schlichten Kutte der Zisterzienser, die er auch zuvor schon gelegentlich getragen hatte. Doch als man seinen Sarkophag im Dom von Palermo 1781 unter Aufsicht der königlichen Altertumsverwaltung öffnete, fand man ihn bekleidet mit wertvollen Stiefeln, einer seidenen Dalmatika und einem mit den kaiserlichen Adlern bestickten Mantel. Beigefügt waren dem Leichnam ein Schwert in einer sarazenischen Scheide, die kaiserliche Krone und ein Reichsapfel, dessen Kreuz entfernt worden war. Aufschluss über die Herkunft der Kostbarkeiten gab eine arabische Inschrift auf dem leinenen Untergewand. Sie lautete: „Das ist ein Geschenk für den Sultan.“

Somit stiftet der große Staufer selbst im Sarg noch Verwirrung über seinen Glauben. Seine religiösen Anschauungen waren schon zu seinen Lebzeiten Gegenstand der widersprüchlichsten Spekulationen und haben seitdem Heerscharen von Historikern und anderen Gelehrten beschäftigt. Des Öfteren wurde ihm unterstellt, ein „Anhänger des sarazenischen Glaubens, orientalischer Ausschweifung und ähnlicher Dinge“[1] zu sein.

Lassen wir drei Zeitzeugen zu Wort kommen:

Den Franziskanermönch Salimbene von Parma: „Glauben an Gott hatte er nicht.“

---

[1] Gabrieli: Stupor mundi; nach Horst, S. 109

Einen christlichen Zeitgenossen: „Deshalb hatten der Papst und alle anderen Christen, die es erfuhren, große Besorgnis und großen Verdacht, dass er zum Glauben Mohammeds übertreten wolle."[2]

Den arabischen Chronisten Ibn al-Furât[3]: „In jenem Jahr starb Kaiser Friedrich ... Man sagt, dass der Kaiser insgeheim ein Muslim war."[4]

Der Monarch selbst stellte sich dagegen bei seinen öffentlichen Auftritten und in vielen erhaltenen Dokumenten gern als katholischer Kaiser und als oberster Beschützer der Christenheit dar – auch wenn Hans Niese 1912 zu dem Schluss kam: „Dass Friedrich den Lehren des Christentums ungläubig gegenüberstand, sollte nicht bezweifelt werden."[5]

In diesem Buch werden nun zunächst sämtliche Informationen zusammengetragen, die zur Rolle des Islam in den drei Reichen unter seiner Krone überliefert sind. Weiterhin wird durch eine genaue Analyse bekannter Tatsachen und Texte deren teilweise recht stereotype Interpretation durch westliche Historiker infrage gestellt und widerlegt. Die zuverlässigste Auskunft zur Religion des Herrschers gibt schließlich sein berühmtestes Denkmal, das apulische Castel del Monte. Wie der Schlussstein eines Gewölbes

---

[2] nach Heinisch, S. 190

[3] Die Transkription arabischer Namen und Ausdrücke richtet sich nach den zitierten Quellen und weicht daher teilweise voneinander ab. Weiterhin sind die emphatischen Laute und das gehauchte „h" aus technischen Gründen ohne Punkt geschrieben. Das „gain" wurde zu „gh" und zur Markierung langgezogener Vokale wurde statt eines Querstriches ein Accent circonflexe verwendet.

[4] nach Crespi, S. 301

[5] Niese, S. 32

krönt es das aufgezeigte Konstrukt aus Indizien und Hypothesen und verwandelt es in ein solides Bauwerk, das der europäischen Geschichte eine neue Dimension hinzufügt.

Briefmarke zu Friedrichs achthundertstem Geburtstag

Der Islam im Königreich Sizilien

In Tunesien regierten von 800 bis 909[6] die Aghlabiden als Statthalter der abbassidischen Kalifen in Baghdad. Sie waren es, die 827 in Sizilien landeten, die Insel für mehrere Jahrhunderte in den arabischen Raum eingliederten und das Land zu einer einzigartigen kulturellen und wirtschaftlichen Blüte führten.

Später geriet Sizilien in den Einflussbereich des ismailitischen[7] Fatimiden-Staates, der von 909 bis 1171 weite Teile Nordafrikas und Westasiens umfasste. 948 wurde al Hasan Ibn 'Ali al-Kalbî zum Gouverneur der Insel ernannt, der Berater des fatimidischen Kalifen al-Mansûr. Er begründete die Dynastie der Kalbiden, unter denen die islamische Kultur auf Sizilien ihren Höhepunkt erreichte.

Von der engen Verbindung zur muslimischen Welt zeugen in Palermo bis heute einige Baudenkmäler aus normannischer Zeit. Allen voran das Lustschloss La Zisa (vom arabischen „al-Aziz" – die Strahlende), das in seiner Fassadengliederung an die Moschee der drei Tore in Kairouan erinnert. Der Pavillon der Cuba greift Stilelemente des Dar al-Bahr (Palast des Meeres) auf, der von den Fatimiden hundert Kilometer südlich von Bejaïa im heutigen Algerien errichtet wurde und später den Ziriden als Regierungssitz diente. Für die Piccola Cuba diente vermutlich ein Kiosk im Hof der großen Moschee von Sfax als Vorbild und die Kirche San Giovanni degli Ere-

---

[6] Sofern nichts anderes angegeben ist, beziehen sich Jahreszahlen auf die Zeitangabe „n. Chr."

[7] Die Ismailiten oder Siebenerschiiten sind neben den Imamiten (Zwölferschiiten, Staatsreligion im heutigen Iran) und den Zaiditen (Fünferschiiten, im Jemen) die dritte wichtige Gruppierung innerhalb der Sh^cia Ali, der Partei Alis

miti (erbaut 1143) wirkt selbst wie eine Moschee. Sogar in den Domen von Palermo, Cefalù und Monreale sowie in der Cappella palatina des normannischen Königspalastes finden sich fatimidische Einflüsse.

Nur der Halbmond fehlt: San Giovanni degli Eremiti

Während Sizilien zweihundertdreißig Jahre von Muslimen regiert wurde, beschränkte sich der Machtbereich der Sarazenen auf dem italienischen Festland mehr oder weniger auf die zwei Brückenköpfe Bari (Emirat von 847 bis 871) und Tarent (842 bis 880 und 927 bis 967). Garigliano am Golf von Policastro war kaum mehr als ein Piratennest, und in Reggio reichte die Zeit gerade aus, um eine Moschee zu errichten.

1061 landeten die Normannen auf Sizilien, 1072 eroberten sie Palermo, 1090 als letzte größere Stadt Noto und 1091 befand sich die ganze Insel in ihrer Hand. Doch dieser Machtwechsel hatte auf das tägliche Leben zunächst keine größeren Auswirkungen. Schon zu Beginn der Eroberung handelte Emir Ibn ath-Thumnah, als dessen Verbündete die normannischen Söldner ursprünglich gekommen waren, Garantien für die Muslime von Ostsizilien aus. Im westlichen Teil der Insel ließen die neuen Herren große Gebiete sogar völlig unbehelligt und achteten lediglich darauf, dass die Bewohner keinen Widerstand leisteten und ihre Steuern entrichteten. So konnte sich südlich von Palermo eine rein muslimische Enklave erhalten, die nominell zwar den Bischöfen von Monreale und Agrigent[8] unterstand. De facto aber wurde sie von der islamischen Dynastie der Hammudiden beherrscht, die der britische Historiker und Cambridge-Professor David Abulafia als eine Art „westsizilianische Pfalzgrafen" bezeichnet.

Der muslimische Einfluss blieb also zunächst unverändert und der arabische Historiker Ibn al-Athîr[9] konnte über König Roger II. berichten: „Er behielt die Gepflogenheiten der muslimischen Könige aufrecht (durch die höfischen Einrichtungen) von dschanib (Feldadjutanten), hadschib (Kämmerer), silâhî (Knappen), dschândâr (Leibwächter) und Ähnlichem. Dadurch unterschied er sich von den Franken, die diese Einrichtungen nicht kannten. Am Hofe Rogers wurde auch ein Diwân al-Mazâlim (zuständiges Gericht für Gewaltverbrechen) eingerichtet, wo die Betroffenen Klage erheben konnten und der König Recht sprach – und sei es gegen seinen

---

[8] damaliger Name: Girgenti

[9] 1160 – 1233

eigenen Sohn. Roger respektierte die Muslime: Er pflegte
den Umgang mit ihnen und verteidigte sie gegen die
Franken. Deshalb begegneten sie ihm mit Liebe."[10]

Die Normannen übernahmen in weiten Bereichen die
islamische Kultur und Gesellschaftsordnung, insbesondere aber deren vielgerühmte Toleranz in religiösen Fragen
– nun allerdings unter umgekehrten Vorzeichen. Die
Muslime behielten ihre Moscheen, ihre Märkte und
Stadtviertel. Sie folgten weiter dem Ruf des Muezzins und
hatten sogar ihre eigenen Richter.

Der andalusische Mekkapilger Ibn Gubyar schrieb 1184
über König Wilhelm II., genannt Wilhelm der Gute:
„Wilhelm widmet sich den Vergnügungen des Hofes wie
die muslimischen Könige, denen er auch in der Gesetz-
gebung, in der Führung des Staates, in der Unterteilung
der Untertanen, im Glanz des Königtums und im Luxus
des Zierrats nacheifert … Die Diener des Königs, die in
der Regierung wichtige Stellen besetzen, und die Angestellten der Verwaltung sind alle Muslime."[11]

Die königliche Kanzlei trug neben ihrem lateinischen
Namen duana de secretis auch noch die arabische Bezeichnung diwan at-tahqiq al-mamur sowie die griechische mega sekreton, und dementsprechend wurden alle
wichtigen Dokumente in diesen drei Sprachen verfasst.
Selbst die Münzen des Reiches waren unter Friedrichs
Großvater Roger II. auf Arabisch beschriftet, wenngleich
mit seinem frommen Titel „Verteidiger des Christentums".

---

[10] Amari, M.: Biblioteca Arabi-sicula, Turin-Rom, 1880. I, S. 449 f.
Nach: Crespi, S. 78
[11] nach Crespi, S. 285

Fatimidische Handwerker des „Tiraz", der königlichen Kleiderkammer, fertigten 1133/34 für Roger II. einen prachtvollen bestickten Seidenmantel, der später zum Krönungsornat der deutschen Kaiser wurde. Seine arabische Inschrift lautet: „(Dieser Mantel) gehört zu dem, was in der königlichen Werkstatt gearbeitet wurde, in der das Glück und die Ehre, der Wohlstand und die Vollendung, das Verdienst und die Auszeichnung ihren Sitz haben. Möge sich der König guter Aufnahme, herrlichen Gedeihens, großer Freigebigkeit und hohen Glanzes, Ruhmes und prächtiger Ausstattung und der Erfüllung der Wünsche und Hoffnungen erfreuen; mögen seine Tage und Nächte im Vergnügen dahingehen, ohne Ende und Veränderung; im Gefühl der Ehre, der Anhänglichkeit und fördernden Teilnahme im Glück und in der Erhaltung der Wohlfahrt, der Unterstützung und gehörigen Betriebsamkeit; in der Hauptstadt Siziliens im Jahre 528 (islamischer Zeitrechnung!)."

Der berühmteste Muslim zu Zeiten des ersten Normannenkönigs war zweifelsohne Abu Abdallah Mohammed Ibn Mohammed Ibn Idris, genannt al-Idrisi. In Rogers Auftrag arbeitete er fünfzehn Jahre lang an seinem Meisterwerk „Die Lust dessen, der eine Leidenschaft dafür hat, die Welt zu durchwandern", kurz „Buch des Roger" genannt. Es beschreibt detailliert die gesamte damals bekannte Welt und blieb bis weit in das 15. Jahrhundert hinein das Standardwerk der Geographie.

Man kann sogar behaupten, dass das gesamte Königreich erst durch die tatkräftige Unterstützung der Sarazenen entstehen konnte. Denn sie bildeten die Eliteeinheiten der sizilianischen Armee und nur mit Hilfe seiner eintausendfünfhundert arabischen Bogenschützen konnte Roger II. 1128 ein päpstliches Heer besiegen, ganz Süditalien erobern und schließlich in seinen Staat einfügen. Sein Vater und Vorgänger Graf[12] Roger I. verbot seinen muslimischen Soldaten nach einem zeitgenössischen Bericht sogar ausdrücklich den Übertritt zum Christentum[13].

Im Osten der Insel wuchs jedoch schon im frühen 12. Jahrhundert der Anteil lombardischer Einwanderer stark an, und es kam zu ersten Pogromen gegen die Sarazenen, die sich infolgedessen in das quasi-autonome Gebiet zwischen Palermo, Agrigent und Trapani zurückzogen. In den letzten Jahren der Regierungszeit Wilhelms II. verschlechterte sich das Klima zwischen den Religionsgemeinschaften weiter, wahrscheinlich durch den Zuzug „zahlreicher Karrieristen und Abenteurer aus Nordeuropa"[14] und – daraus resultierend – den zunehmenden Einfluss der katholischen Kirche bei Hofe.

Mit Wilhelms Tod 1189 war die Toleranz gegenüber Andersgläubigen, die im maurischen Spanien noch dreihundert Jahre fortdauern sollte, dann endgültig zu Ende. Auf der ganzen Insel kam es zu blutigen Ausschreitungen gegen die Muslime, die auch unter den wechselnden Machthabern während Friedrichs Minderjährigkeit fortdauerten. Sie zwangen große Teile der arabischen Bevölkerung – und zwar vor allem deren soziale und kulturelle Elite – zur Auswanderung nach Nordafrika oder Spanien. Andere flüchteten sich, verstärkt nach einem letzten großen Pogrom in Palermo, in die schwer zugänglichen Gebirgsregionen des Val di Mazara im Westen der Insel und in das Val di Noto im Osten. Die beiden genannten Gebiete gingen über die eigentlichen Täler hinaus und be-

---

[12] Den Königstitel erhielt erst Roger II.

[13] nach Crespi, S. 297

[14] Abulafia, S. 43

zeichneten in arabischer Zeit zwei von drei Verwaltungseinheiten, weshalb die Bezeichnung „Val" in diesem Fall vom arabischen „wilaya" (Provinz) abgeleitet wird. Der dritte Bezirk war das Val Demone im Nordosten, das immer stark christlich geprägt blieb. Insbesondere im Val di Mazara lösten sich die Muslime in den Wirren der Militärdiktatur, die Friedrichs Regierungsantritt im Jahr 1208 vorausging, de facto aus dem sizilischen Staat heraus und prägten sogar ihr eigenes Geld. Weite Teile der Region versanken in völliger Anarchie. Die Negierung der schwachen Zentralmacht ging so weit, dass die Stadt Agrigent von Aufständischen besetzt wurde, die den Bischof entführten und erst vierzehn Monate später gegen Zahlung eines Lösegeldes wieder freiließen. Hieran zeigt sich, dass die Befriedung der Insel nach Friedrichs Rückkehr im Jahr 1220 aus Deutschland und Rom zu den dringlichsten Aufgaben des frisch gekrönten Kaisers gehörte.

Sein wichtigster militärischer Erfolg war die Eroberung der Stadt Jato fünfundzwanzig Kilometer südwestlich von Palermo nach einer dreimonatigen Belagerung im August 1222. Dabei wurde der Rebellenführer Muhammad Ibn 'Abbâd gefangen genommen und vermutlich eine Woche später in Palermo gehängt. Im Winter fiel die Bergfestung wieder in die Hand der Sarazenen, so dass schon im Mai 1223 ein neuer Feldzug vonnöten war. In dessen Verlauf konnte Jato erneut und endgültig erobert werden. Eine Strafexpedition nach Djerba, die die Aufständischen von ihrer wichtigsten Nachschubbasis abschnitt, begleitete diese erfolgreiche Kampagne. Dabei wurden viele der dortigen Muslime nach Malta deportiert und den auf Djerba lebenden Juden angeboten, sich auf Sizilien niederzulassen, wovon Letztere zahlreich Gebrauch machten.

1224 konzentrierten sich die Kämpfe vermutlich auf das Val di Noto im Südosten der Insel und erst 1225 waren die Sarazenen endgültig besiegt. Doch die Muslime waren in den unzugänglichen Bergregionen auch jetzt – wenn überhaupt – nur mit einem immensen Aufwand unter Kontrolle zu halten und der Kaiser musste jederzeit ein erneutes Aufflackern der Unruhen befürchten. Deshalb entschloss er sich, sie nahezu vollständig auf das italienische Festland zu deportieren. Ab November 1223 wurden sechzehn- bis zwanzigtausend (andere Quellen sprechen sogar von sechzigtausend) von ihnen zwangsweise in die Ebene des Tavoliere in der Capitanata umgesiedelt und ihnen als neuer Wohnort die verlassene römische Stadt Lucera (arabisch „Lugerash") zugewiesen. Aus heutiger Sicht mag dies auf den ersten Blick wie ein tyrannischer Akt der Barbarei anmuten. Aber in einer Zeit, in der unterlegene Kriegsgegner üblicherweise in die Sklaverei verkauft oder einfach umgebracht wurden, zeugt es im Gegenteil von einer außergewöhnlichen Milde und politischen Weitsicht.

Für die islamische Gemeinschaft erwies sich die Vertreibung trotz aller Härten als ausgesprochener Glücksfall. Die neu gegründete Kolonie stand unter direktem kaiserlichen Schutz und bot ihren Bewohnern endlich jenes Maß an Sicherheit, auf das sie in der Diaspora hatten verzichten müssen. Friedrich unterstützte sie beim Aufbau der Wirtschaft – unter anderem durch die Zuteilung von Land, die Vergabe einer großen Anzahl von Zugtieren und die Verleihung des Marktrechtes im Jahr 1234. Vor allem aber gewährte er ihnen eine innere Autonomie, der noch nicht wie im heutigen Palästina der zynische Beigeschmack eines Ghettos innewohnte. In Luceria saracenorum, wie es damals genannt wurde, durften die Muslime nach ihren eigenen Gesetzen leben und Recht sprechen, sie konnten ihrem Glauben ungehindert nachgehen und Moscheen und Koranschulen errichten. Das persönliche Interesse des Kaisers an seinen islamischen Untertanen, sein Vertrauen und seine Sympathie zeigten sich daran, dass die Stadt zu einem seiner bevorzugten Aufenthaltsorte wurde und er sogar den normannischen Staatsschatz von Burg Trifels hierherschaffen ließ.

Die Nichteinmischung in die inneren Angelegenheiten der Stadt und ihrer Bewohner ging so weit, dass diese die – wenn auch baufällige – Kathedrale abreißen und aus ihren Steinen Häuser und Moscheen errichten konnten. Der Bischof durfte allerdings bleiben und diente fortan als Alibi für erfolglose Missionierungsversuche, über die Friedrich am 3. Dezember 1233 an den Papst schrieb: „Da es nun aber Eurer Heiligkeit gefällt, einige Brüder des Predigerordens zur Bekehrung der Sarazenen, die in Lucera in der Capitanata wohnen und die italienische Sprache beherrschen, auszusenden, so ist es uns recht, wenn diese Prediger kommen und das Wort des Herrn zu predigen beginnen. Denn wir beabsichtigen, in Kürze in jener Gegend zu sein, wo wir den Brüdern beistehen wollen mit Rat wie mit Tat, damit sie mit Hilfe Gottes in Werk und Wort Erfolg haben, zumal ja viele von den Sarazenen mit unserer Zustimmung und auf den Ruf des Herrn bereits zur Kenntnis des Glaubens bekehrt worden sind. Deshalb wird es uns eine umso besondere Freude sein, sie *ganz bekehrt* zu sehen, als sie durch die vorgängige Predigt *bereits zur Verehrung des einzigen Gottes geführt* wurden. Wir wetteifern nämlich in himmlischer Begeisterung, auf dass nicht nur die Sarazenen Luceras, sondern die Gesamtheit der Völker zum Glauben zurückkehre."

Bemerkenswert ist, dass der Kaiser gegenüber dem Papst darauf hinweist, dass Christen und Muslime denselben einzigen Gott verehren! Ansonsten lassen sich seine Worte aufgrund der realen Situation und seiner Kenntnis über die Glaubensfestigkeit seiner muslimischen Untertanen nur als feinsinnige Ironie einstufen. Auch aus rein fiskalischen Gründen dürfte er kaum ein Interesse am Übertritt der Sarazenen zum Christentum gehabt haben. Denn diese hatten für die Nutzung des Bodens den Terragium oder Canon zu zahlen und zusätzlich eine Kopfsteuer, Gezia genannt, für die Duldung ihres Glaubens. Diese Gepflogenheit entsprach übrigens der damaligen Regelung für Christen und Juden in den muslimischen Ländern, wo sie als Schutzbefohlene (Dhimmî) eine Personensteuer (Dschizja) und eine erhöhte Grundsteuer (Charâdsch) entrichten mussten.

Der Chronist Jemal ed-Dîn aus dem Gefolge des ägyptischen Gesandten Fakhr ad-Dîn berichtete in einem Brief an Sultan al-Kâmil über die Verhältnisse in Lucera: „Die Bevölkerung der Stadt ist durch und durch muslimisch. Das Freitagsfest wird ebenso begangen, wie andere muslimische Bräuche befolgt werden. Der Kaiser hat dort ein Kollegium einrichten lassen, in dem man die astrologischen Wissenschaften lehrt. Mehr noch: Viele seiner Sekretäre und Vertrauten sind Muslime. In seinem Lager ruft der Muezzin jeden Tag zum Gebet."[15]

Und wie äußerte sich sein christlicher Kollege Richer von Senones? „Von diesen (den Sarazenen Luceras) sammelte er die Gelehrten, die sie Mathematiker und Astronomen nennen, Wahrsager, Seher und Beobachter des Vogelflugs und noch viele andere Gegner des christlichen Glaubens um sich. Aus ihnen machte er einige zu seinen Ratgebern, andere zu Kämmerern, einige aber, die aus dem Vogelflug

---

[15] Horst, S. 60

19

und aus den Exkrementen der Tiere wahrsagen konnten, und Weissager, die ihm die Zukunft voraussagten, hielt er als seine vertrautesten Freunde."[16]

Vor allem aber bildeten muslimische Bogenschützen und andere Soldaten aus Lucera die Elite der kaiserlichen Truppen, paradoxerweise erstmalig bei dem (unblutigen) Kreuzzug von 1228/29. Sie waren dank ihres Glaubens unbeeindruckt von den diversen päpstlichen Bannflüchen gegen ihren Herrn und hielten Friedrich noch weit über seinen Tod hinaus die Treue. Später bildeten sie das letzte Bollwerk des Königreichs Sizilien gegen die Söldner Karls von Anjou. Neben bedingungslos ergebenen Soldaten, die ein jederzeit einsatzbereites stehendes Heer bildeten, lieferte Lucera sogar deren militärische Ausrüstung gleich mit. Seine Handwerker verstanden sich nicht nur auf die Herstellung der berühmten Damaszener Klingen, sondern fertigten auch Katapulte, vergiftete Pfeile und das gefürchtete „griechische Feuer", gewissermaßen das Napalm des Mittelalters. Daneben kam der Kolonie selbst eine enorme strategische Bedeutung zu. Luftlinie nur zweihundertvierzig Kilometer von Rom gelegen, versperrte sie möglichen Angreifern den Weg nach Süden und sicherte die einzige Landgrenze des Königreiches Sizilien gegen Friedrichs mächtigsten Feind, den Kirchenstaat.

Die Umsiedlung der rebellierenden Sarazenen nach Apulien wird im Allgemeinen als das Ende der arabischen Kultur auf Sizilien betrachtet. Doch lässt sich nachweisen, dass auch danach noch Muslime auf der Insel lebten. Sie mussten allerdings aus den Bergregionen in die Täler und Ebenen und in die Hörigkeit ihrer Grundherren zurück-

---

[16] Horst, S. 114

kehren oder wurden am Rande von Palermo angesiedelt, was zum Beispiel ein Dekret belegt, das die Verpachtung der Sarazenen-Baiulation[17] regelte. 1239 soll es zu einer Vereinbarung des Justitiars (Provinzgouverneurs) von Westsizilien mit den dortigen Sarazenen gekommen sein. Und im selben Jahr legte eine kaiserliche Anweisung an den Sekreten (obersten Finanzbeamten) von Messina fest, dass dieser wie bisher die Kosten für die Ernährung und Kleidung jener Araber zu tragen hätte, die beim Bau der Kastelle in Syrakus und Lentini arbeiteten.

1246 waren Insel-Sarazenen sogar in die Unruhen verwickelt, zu denen es nach der Aufdeckung eines Mordkomplotts gegen den Kaiser gekommen war. Als Kopf dieser Verschwörung galt Orlando di Rossi, ein Schwager des Papstes, und man liegt sicherlich nicht ganz verkehrt, wenn man Innozenz IV. als ihren eigentlichen Drahtzieher betrachtet. Somit machte sich eine Minderheit unter den Muslimen paradoxerweise ausgerechnet zu Komplizen des Papstes und der von ihm bezahlten Hochverräter. Das Zentrum dieses letzten Aufstandes, der im Juli/August 1246 niedergeschlagen wurde, soll übrigens wiederum Jato gewesen sein.

Auf dem zum Königreich Sizilien gehörenden Außenposten Malta betrug der muslimische Bevölkerungsanteil noch Anfang der 1240er Jahre mehr als ein Drittel und auf der kleineren Nachbarinsel Gozo fast die Hälfte. Auf dem gesamten maltesischen Archipel ist die arabische Kultur bis heute in der Sprache erhalten geblieben und Malta sicherlich das einzige katholische Land der Erde, in dem Gott mit „alla" angebetet wird.

---

[17] „baiuli" waren Vollstreckungsbeamte (Vögte), die ihr Amt pachteten und gewissermaßen auf Provisionsbasis arbeiteten, entsprechend den „bailiffs" im normannischen England.

Bereits 1221 wurde auf dem Hoftag in Messina ein Dekret erlassen, das primär den Schutz der Juden zum Ziel hatte, aber auch den der Muslime mit einschloss. So hieß es: „Nicht nur auf die uns untertänigen Christen, sondern auch auf die Angehörigen anderer Glaubensgemeinschaften erstreckt sich die Wirkung unseres Schutzes, damit, wenn jeder durch den väterlichen Schutz des Kaisers verteidigt wird, sowohl Angriffe Missgünstiger vermieden werden als auch die Ruhe des erwünschten Friedens gesichert wird."[18]

Abgesehen vom Sonderstatus der Sarazenenkolonie in Lucera gewährten später die Konstitutionen von Melfi den Muslimen (und Juden) einen generellen Rechtsschutz und ließen sie zum Beispiel als Ankläger vor Gericht zu. Wörtlich hieß es da: „Wir wünschen nicht, dass sie unschuldig verfolgt werden, nur weil sie Juden oder Sarazenen sind."[19]

Zum Schutz seiner Untertanen unabhängig von deren Religion oder Herkunft schuf Friedrich darüber hinaus das Instrument der Invokation. Unschuldig Angegriffene konnten sich fortan durch Anrufung des kaiserlichen Namens verteidigen. Und was passierte mit Angreifern, die die Invokation missachteten? Sie landeten direkt vor dem höchsten Gericht, dessen Urteile keine Berufung mehr zuließen!

---

[18] Horst, S. 43
[19] Abulafia, S. 218

Der Islam im Königreich Jerusalem

Durch seine Hochzeit mit Isabella von Brienne im Jahr 1225 erwarb Friedrich die Krone des Königreiches Jerusalem. Und er zeigte sich entschlossen, diesen Rechtsanspruch auch durchzusetzen. 1228 brach er mit vierzig Schiffen nach Palästina auf, begleitet von einem gewaltigen Heer, dessen Kern übrigens muslimische Sarazenen aus Lucera bildeten. Doch die Stadt Jerusalem, die seit 1187 nicht mehr zum gleichnamigen Königreich gehörte, sollte nicht mit Waffengewalt zurückerobert werden, sondern durch zähe und geschickte Verhandlungen mit dem ägyptischen Sultan al-Kâmil. Schon als es während des Marsches von Akko nach Jaffa zu vereinzelten Plünderungen durch die kaiserlichen Truppen kam, befahl Friedrich die unverzügliche Rückgabe der Beute und übersandte dem Sultan seine persönlichen Waffen als Geste der Entschuldigung. Im Friedensvertrag von Jaffa erreichte er einen zehnjährigen Waffenstillstand und erhielt neben Jerusalem noch die wichtigen christlichen Wallfahrtsorte Bethlehem und Nazareth. Außerdem gingen Sidon und die Baronie Toron an die Christen, die Dörfer zwischen Jerusalem und Bethlehem sowie zwischen Jerusalem und Jaffa, eine Verbindung von Nazareth nach Akko und nicht zuletzt der Ölberg und das Josaphat-Tal.

Im gesamten Königreich vertrat ein offiziell eingesetzter Kadi die Rechte der Muslime, denen ihre ungestörte Religionsausübung gewährleistet wurde. Hebron blieb islamisch und al-Bira, zwanzig Kilometer nördlich von Jerusalem bei Ramallah gelegen, wurde Sitz der muslimischen Regionalverwaltung.

Der Haram von Jerusalem, der heilige Bezirk der Moslems mit der al-Aqsâ-Moschee und dem Felsendom, wurde weiterhin von diesen verwaltet. Den Zugang zu ihm kontrollierten kaiserliche Wächter. Er stand prinzipiell jedoch auch Christen offen, beispielsweise, um im Felsendom am Ort der Darbringung Jesu im Tempel zu beten.

Diese Regelungen lagen Welten entfernt von dem, was die Muslime unter der christlichen Besatzung zwischen 1099 und 1187 hatten erdulden müssen. Der Zutritt zur Heiligen Stadt war ihnen damals – ebenso wie den Juden – völlig verwehrt. Und für das übrige Königreich galt: „Die Kreuzfahrer waren die Ersten, die ein vollkommenes Apartheidssystem einrichteten. Es besagte: Entweder ist man Europäer und Lateiner, also katholisch, oder man ist es nicht."[20]

Toleranz und gegenseitiger Respekt waren erst mit Sultan Saladin wieder nach Jerusalem gekommen. Unter ihm „wurden … vier Priester zum Dienst in der Kumâme (Grabeskirche) bestimmt, die von der Steuer befreit wurden … Tausende von Christen blieben in der Stadt und ihrer Umgebung und gingen friedlichen Beschäftigungen nach."[21]

Saladins Neffe al-Kâmil verteidigte 1229 das neue Friedensabkommen mit den Christen wie folgt: „Der heilige Bezirk, der ehrwürdige Felsendom und alle anderen Heiligtümer, die Ziele unserer Wallfahrt sind, bleiben, wie sie waren, in den Händen der Muslime. Die Gottesdienste der Muslime und des Islam werden wie bisher uneinge-

---

[20] Prawer, Joshua: Die Welt der Kreuzfahrer. Wiesbaden, 1974. Nach Milger, S. 169

[21] Der Zeitzeuge Imad ad-Dîn. Nach Milger, S. 223

24

schränkt gehalten, und für ihre Provinzen und ländlichen Bezirke haben die Muslime einen eigenen Statthalter."[22]

Welcher Vorwurf kam denn auch prompt von Gerold, dem katholischen Patriarchen von Jerusalem und fanatischen Parteigänger des mit dem Kaiser verfeindeten Papstes? Auf dem Kreuzzug seien „nicht einmal zehn tote oder gefangene Sarazenen" zu verzeichnen gewesen! In der Tat wich das unblutige und tolerante Resultat dieser Militäroperation erheblich von den Gepflogenheiten christlicher Ritter ab. So hatte man nach der ersten Eroberung Jerusalems im Jahr 1099 die gesamte Bevölkerung abgeschlachtet sowie die Moscheen der Stadt einschließlich der höchsten islamischen Heiligtümer geschändet und später als Paläste oder Kirchen missbraucht.

Was berichtete Bischof Dagobert von Pisa seinerzeit stolz an den Papst? „Wenn du wissen willst, was dem Feind geschah, so wisse, dass im Salomonstor und im Tempel unsere Männer bis zu den Kniegelenken ihrer Pferde im Blut der Sarazenen ritten."[23] Der zeitgenössische Chronist Albert von Aachen schildert anschaulich Hergang und Motiv des Massenmordes: „Weiber, die in die befestigten Häuser und Paläste geflohen waren, durchbohrten sie mit dem Schwert. Kinder, noch saugend, rissen sie an den Füßen von der Brust der Mutter oder aus den Wiegen und warfen sie an die Wand und auf die Türschwellen und brachen ihnen das Genick. Andere machten sie mit den Waffen nieder, wieder andere töteten sie mit Steinen. Kein Alter und kein Geschlecht der Heiden wurde verschont. Wer zuerst in ein Haus oder einen Palast ein-

---

[22] nach Gabrieli, S. 330
[23] nach Konstam, S. 75

drang, behielt diesen in seinem Besitz, mit allem Gerät, mit Getreide, Gerste, Wein und Öl, Geld und Kleidern und allen Besitztümern. So wurden die Pilger (sic!) Herren und Besitzer der ganzen Stadt."[24]

An dieses abstoßende Beispiel von Intoleranz, Habgier und Mordlust erinnerte sich der Kaiser vermutlich bei seinem Besuch im Felsendom, als er die Inschrift in der Kuppel las: „Es reinigte diesen Tempel Saladin von den Götzendienern (Polytheisten)." Zunächst ließ er sich – obwohl es ihm bekannt sein durfte – erklären, dass mit Götzendienern (Polytheisten) die Christen gemeint waren, dann erkundigte er sich nach der Funktion der Fenstergitter. Als man ihm erläuterte, dass so die Spatzen am Eindringen gehindert werden sollten, antwortete er: „Und doch hat Allah zu euch die Schweine gebracht" – und verwendete damit das geläufige arabische Schimpfwort für Ungläubige im Allgemeinen und die Kreuzritter im Besonderen.

Als Schwein titulierte er angeblich auch einen christlichen Priester, der mit einem Evangelium in der Hand die al-Aqsâ-Moschee betreten wollte, um dort zu betteln oder zu missionieren. Die Heftigkeit des kaiserlichen Zornausbruchs stellen die verschiedenen Quellen zwar unterschiedlich dar, aber übereinstimmend wird berichtet, dass er den Geistlichen der Undankbarkeit gegenüber Sultan al-Kâmil bezichtigte und ihn davonjagte.

Einen weiteren Sympathiebeweis für die Muslime und ihre Religion lieferte Friedrich, als Schams ad-Dîn, der Kadi von Jerusalem, die Muezzine angewiesen hatte, aus Rücksicht auf den hohen Gast während der Nacht nicht zum Gebet zu rufen. Er tadelte ihn hierfür und sagte:

---

[24] nach Milger, S. 119

„Ich habe vor allem in Jerusalem übernachtet, um dem Gebetsruf der Muslime und ihrem Lobe Gottes in der Nacht zu lauschen."[25] Nach anderen Überlieferungen fügte er sogar noch an: „Wenn ihr bei mir, in meinem Lande wäret, würdet ihr sehen, dass die Muslime dort ihre islamischen Gesetze beachten."

Unmittelbar vor seiner Abreise nach Europa traf er schließlich eine ebenso pragmatische wie verblüffende Vorkehrung zum Schutz der Muslime und zur Sicherung des Friedens. „Er ließ einen Teil der für die Verteidigung Akkons bestimmten Kriegsmaschinen auf seine Galeeren bringen, schickte ... einige seinem Freund al-Kamil und zerstörte den Rest, den er nicht mitnehmen konnte."[26]

Felsendom in Jerusalem (El Quds)

---

[25] Gabrieli, S. 331
[26] Boulle, S. 165

Der Islam im Heiligen Römischen Reich

Während die Königreiche Sizilien und Jerusalem stark islamisch geprägt waren, bildete im Heiligen Römischen Reich der Kaiser selbst den einzigen Bezugspunkt zu dieser Religion. Er trat wie ein orientalischer Herrscher auf, umgab sich mit zahlreichen Muslimen und ließ sich von seiner arabischen Leibgarde beschützen.

Der kaiserliche Tross muss bei seinen Reisen ein Bild von unvergleichlicher Pracht und Exotik abgegeben haben. An seiner Spitze kamen bewaffnete Sarazenen auf Araberpferden und schöne Frauen – Friedrichs Harem, wie böse Zungen behaupteten – in verschleierten Sänften, die von Rennkamelen getragen wurden. Es folgte der Kaiser mit seinem Hofstaat, dann die Dienerschaft, die Falken, Leoparden und Jagdhunde mit ihren Führern, ein Elefant mit Armbrustschützen, schließlich eine ganze Menagerie fremdartiger Tiere und eine endlose Karawane von Packpferden und Maultieren.

So zog Friedrich 1235 über die Alpen in das Stammland seiner Väter, um seinen aufrührerischen Sohn Heinrich VII. als deutschen König abzusetzen und in einem prunkvollen Fest seine dritte Frau Isabella von England zu heiraten. Der Zug des Kaisers bewegte sich kreuz und quer durch Deutschland – nach Regensburg, Worms, Mainz, Marburg, Hagenau, Wien, Augsburg, Ulm und Speyer – und löste mit seinen Bildern aus tausend und einer Nacht überall Erstaunen und Bewunderung aus. Nicht umsonst wurde der Staufer damit zum Inbegriff des unsterblichen Märchenkönigs, der im Kyffhäuser schläft und eines Tages zurückkommen wird, um Frieden und Gerechtigkeit wiederherzustellen.

Legendär ist auch der Hoftag, der 1232 in Aquileia im Friaul stattfand. Neben den Mächtigen des Reiches und den Gesandten der europäischen Königshäuser trafen hier Delegationen des syrischen Nizariten-Staates und des ägyptischen Sultans ein. Letztere brachte als besonderes Geschenk von al-Kâmil ein zeltförmiges Astrolabium (Planetarium) mit, in dem sich Sterne und Planeten aus Gold und Edelsteinen auf ihren Bahnen bewegten und das von Friedrich als „das Liebste nach seinem Sohn Konrad" bezeichnet wurde. Alle zusammen feierten gemeinsam das Fest der Hedschra, der Flucht Mohammeds nach Medina im Jahr 622, die den Beginn der islamischen Zeitrechnung markiert. Anschließend fuhr der Kaiser mit seinem Hofstaat und seinen muslimischen Gästen per Schiff nach Melfi zurück.

Stark arabisch geprägt waren die sizilischen Streitkräfte, die natürlich auch im Gebiet des Heiligen Römischen Reiches, insbesondere in Norditalien, zum Einsatz kamen. Nachdem 1229 (während des Kreuzzuges!) päpstliche Truppen in Sizilien eingefallen waren, schickte Friedrich seine Soldaten, darunter fünfzehntausend Sarazenen, bis nach Capua und Neapel. Auch als am 27.11.1237 bei Cortenuova das Heer der aufständischen lombardischen Liga besiegt werden konnte, kämpften siebentausend Muslime in vorderster Front – und zahlten den höchsten Blutzoll bei einer der größten Schlachten des Mittelalters.

Bei der (erfolglosen) Belagerung von Brescia im Jahr darauf kamen neben den Sarazenen aus Lucera sogar ägyptische Soldaten zum Einsatz, die Sultan al-Kâmil auf Bitten des Staufers zu dessen Unterstützung über das Mittelmeer entsandt hatte. Selbst Truppen des Emirs von Tunis kämpften für das Königreich Sizilien, ihre Stärke dürfte allerdings mehr symbolischen Charakter gehabt haben.

Muslime im engeren Umfeld des Kaisers

Wie bereits erwähnt, starb Friedrich in der Kutte eines christlichen Mönches und fand seine letzte Ruhe im Ornat eines muslimischen Sultans. Wer hatte ihn umgezogen? Wahrscheinlich Angehörige seiner sarazenischen Leibgarde, die ihm über den Tod hinaus treu ergeben waren und ihn von Castel Fiorentino über den Hafen von Tarent in die sizilianische Hauptstadt Palermo überführten. Ein Augenzeuge: „Am 28. des besagten Monats kam der Leichenzug des Kaisers vorbei, der nach Tarent gebracht wurde, und ich war in Bitonto, um ihn zu sehen. Er lag auf einer mit karminrotem Samt bedeckten Bahre, mit seiner Sarazenenwache zu Fuß und sechs bewaffneten Reiterkompanien, die, sobald sie die Ortschaften betraten, begannen, den Kaiser zu beweinen."[27]

Damit schloss sich der Kreis zu den islamischen Einflüssen während seiner frühen Kinderjahre. Mit knapp vier Jahren war er Vollwaise geworden und wuchs in Palermo unter wechselnder Obhut und in ziemlich chaotischen Verhältnissen auf. Der italienische Historiker Francesco Gabrieli stellt hierzu fest: „Dass arabisch-islamische Persönlichkeiten an der Erziehung des jungen Staufers mitgewirkt haben, ist nicht nur wahrscheinlich, sondern von orientalischen und westlichen Quellen sicher bezeugt, auch wenn unser Wunsch, konkrete Namen zu erfahren, unerfüllt blieb."[28]

---

[27] nach Crespi, S. 301

[28] Gabrieli, Francesco: Friedrich II. und die Kultur des Islam. In: Wolf, Gunther G.: Stupor mundi

Gelehrte islamischer Herkunft in der unmittelbaren Umgebung des erwachsenen Kaisers waren z. B. Ibn el-Djusi aus Palermo, sein Lehrer in arabischer Dialektik, der ihn auf seinem Kreuzzug begleitete, und der Mathematiker und Astronom Alam al-Hanafi, genannt Ta-asif, der ihm vorübergehend von Sultan al-Kâmil zur Beantwortung wissenschaftlicher Fragen zur Verfügung gestellt wurde. Sultan as-Sâlih, der Sohn und Nachfolger al-Kâmils, entsandte später Šaih Sirâq ad-Dîn al-Urmawî an den kaiserlichen Hof, wo dieser ein Buch über die Logik verfasste. Auch in der Verwaltung bekleideten Muslime herausragende Positionen. Bekannt ist Giovanni il Moro (Johannes Morus), der als Sohn einer schwarzen Sklavin ganz unten in das Gefolge des Kaisers hineingeboren wurde. Später gehörte er als Oberkämmerer zu den engsten Beratern Friedrichs, hatte u. a. die Verwaltung des kaiserlichen Vermögens inne und wurde für seine Dienste mit einer Baronie belohnt. Unter Konrad IV. wurde er Kommandant der Sarazenenfestung Lucera und stieg schließlich zum Großkämmerer des sizilischen Königreiches auf. Nach Konrads Tod lief er allerdings zum Papst über und wurde wegen dieses Verrates wenig später in Acerenza (nordöstlich von Potenza) durch königstreue Sarazenen getötet. Von seinem Vorgänger Richard, einem sizilianischen Großgrundbesitzer, ist die muslimische Herkunft nicht direkt belegt, wird aber vermutet.

Nach dem Abschluss eines Handelsabkommens mit dem tunesischen Emir Abu Zakaria Jahya wurde ein Sarazene namens Henricus Abbas zum Konsul in Tunis ernannt und damit zum ersten europäischen Botschafter in einem außereuropäischen Land überhaupt. An Obberto Fallamonacho (Fallamonaca), den Secretus von Palermo, der als hoher Beamter ebenfalls islamischer Abstammung war, erging der Befehl, Abbas ein Schiff zur Verfügung zu stellen und auszurüsten.

Die zwei bedeutendsten Wissenschaftler im direkten Umfeld des Monarchen waren zwar selbst Christen, kamen aber beide aus arabisch-islamisch geprägten Kulturzentren, in denen sie lange Zeit gelebt und gearbeitet hatten.

Michael Scotus stammte aus der berühmten Übersetzerschule von Toledo und gilt als einer der wichtigsten Vermittler der aristotelisch-arabischen Philosophie. Unter anderem übersetzte er eine arabische Ausgabe der Tierkunde des Aristoteles, das Werk des Astronomen al-Bitrûgi sowie verschiedene Schriften des berühmten persischen Arztes Ibn Sina (Avicenna) und des andalusischen Arztes und Philosophen Ibn Roschd (Averroës) ins Lateinische. Letzterer, dem man wegen seines engen, interpretierenden Verhältnisses zu den Werken des Aristoteles den Beinamen „der Kommentator" gegeben hatte und der zugleich das Amt des obersten Kadis von Cordoba bekleidete, lebte übrigens von 1126 bis 1198 und war somit beinahe ein Zeitgenosse des Kaisers. Michael Scotus wirkte von den zwanziger Jahren an bis zu seinem Tod (1235 oder 1236) als Hofphilosoph und -astrologe und führte unter anderem die Korrespondenz mit dem Emir von Tunis.

Sein Nachfolger Magister Theodor, der vermutlich in dem damaligen Kreuzfahrerstaat Antiochien zur Welt kam, wurde nach einer zeitgenössischen Quelle[29] von Sultan al-Kâmil nach Sizilien geschickt. In Mossul hatte er bei dem berühmten Kamâladdîn Ibn Yûnus Philosophie studiert und in Baghdad Medizin. Auch er hatte den Schriftverkehr des Kaisers mit den arabischen Staaten zu

---

[29] nach Stürner, S. 428, und Horst, S. 55

betreuen und reiste mindestens einmal selbst zu diplomatischen Verhandlungen nach Nordafrika.

Arabisches Waschhaus in Cefalù (Sizilien)

Weitere Berührungspunkte

Mit dem ägyptischen Sultan al-Malik al-Kâmil, einem Neffen des berühmten Saladin, verband Friedrich eine langjährige Freundschaft, die in einem regen Briefwechsel und zahlreichen gegenseitigen Geschenken ihren Ausdruck fand. Überliefert ist der spätere Seufzer des Kaisers angesichts brennender Probleme in Nahost: „... dass doch mein alter Freund al-Kâmil noch lebte ..."[30]

Wie hatte ihre Beziehung begonnen? Zunächst als reines Zweckbündnis, von dem sich der Staufer die Rückgabe von Jerusalem an den Kreuzfahrerstaat versprach, dessen Krone ihm durch die Heirat mit Isabella von Brienne zugefallen war. Umgekehrt suchte der Aijûbide einen Verbündeten, der ihn in der drohenden Auseinandersetzung mit seinen Brüdern Isa al-Mu'azzam, Sultan von Syrien, und Musa al-Ašraf, Sultan von Mesopotamien, unterstützte.

Bei der Landung der kaiserlichen Truppen im September 1228 in Akko hatte sich die Lage allerdings dramatisch verändert. Al-Mu'azzam war Ende 1227 gestorben und die beiden verblieben Brüder teilten das Aijûbidenreich zu Lasten von Mu'azzams Sohn und Nachfolger an-Nâsir neu unter sich auf. Dadurch wurde al-Kâmil zum mächtigsten Herrscher im Nahen Osten.

Auf arabischer Seite war der unmittelbare Anlass für Verhandlungen mit den „Franken" somit hinfällig geworden. Andererseits ließ sich Friedrichs Kreuzfahrerheer, das im Küstenstreifen zwischen Akko und Jaffa Stellung bezogen hatte, als schlagkräftiges Argument nicht einfach ig-

---

[30] nach Kantorowicz, S. 153

norieren. Auch saß Dawud an-Nâsir einstweilen noch in Damaskus (er sollte erst im Juni 1229 kapitulieren) und al-Kâmil war zu klug, um sich auf das Risiko eines Zweifrontenkrieges einzulassen.

Ausschlaggebend für den erfolgreichen Abschluss der Verhandlungen und damit für den völlig friedlichen Verlauf dieses merkwürdigen Kreuzzuges waren jedoch die Seelenverwandtschaft der beiden Oberbefehlshaber und die gegenseitige Sympathie, die sich zwischen ihnen entwickelte. „Von dieser Zeit an verband sich die Seele des Kaisers mit der Seele des Sultans durch den unauflöslichen Kitt der Liebe und der Freundschaft, und sie verbündeten sich und schickten sich gegenseitig kostbare Geschenke, unter denen vom Sultan dem Kaiser ein Elefant geschenkt wurde."[31] Friedrich revanchierte sich u. a. mit einem Eisbären, der in Ägypten ebenso Furore machte, wie der Dickhäuter in Italien und Deutschland.

Vom Templerorden, der den Papst bei seinen Bemühungen zum Sturz und zur Vernichtung des Kaisers eifrig unterstützte, wurde al-Kâmil darüber informiert, dass Friedrich unbewaffnet und mit nur wenigen Begleitern die Taufstelle Christi am Jordan aufsuchen wolle und dort ohne Mühe ermordet werden könne. Der Sultan, „angeekelt von diesem niederen Verrat"[32], leitete das Schreiben mit einem kurzen Begleitbrief postwendend an den Kaiser weiter. Dieser ließ daraufhin nach seiner Rückkehr nach Sizilien sämtliche Besitzungen der Templer (und auch der ebenso feindseligen Johanniter) im Königreich konfiszieren.

---

[31] Roger von Wendover, nach Horst, S. 76
[32] Kantorowicz, S. 148

Noch herzlicher als zu al-Kâmil selbst war das Verhältnis des Staufers zu Emir Fakhr ad-Dîn Ibn Shaykh, der vom Sultan Anfang 1227 erstmalig an den kaiserlichen Hof geschickt wurde. Dort führte er die Verhandlungen über eine Friedenslösung für Palästina und war dann auch maßgeblich am Zustandekommen des Vertrages von Jaffa beteiligt. Über das politische Anliegen hinaus nutzte Friedrich den Kontakt, um wissenschaftliche und philosophische Fragen mit dem hochgebildeten Emir zu erörtern. Schließlich schlug er ihn sogar eigenhändig zum Ritter und erlaubte ihm, die kaiserlichen Insignien in seinem Wappen zu führen. Jean Sire de Joinville schrieb: „Er führte in seinem Banner drei Felder, in dem einen war das Wappen des Kaisers, der ihn zum Ritter geschlagen hatte. Im anderen führte er das des Sultans von Aleppo, und im dritten des Sultans von Babylon (Kairo)."[33]

Doch was sagt uns noch mehr als diese Formalien über die persönliche Freundschaft und gegenseitige Wertschätzung der beiden? Zwei überlieferte arabische Briefe, die Friedrich dem Emir nach seiner Rückkehr aus dem Heiligen Land zukommen ließ. Nach der Eingangsformel „Im Namen des barmherzigen, gütigen Gottes!" (mit der auch der Koran beginnt und die – mit einer einzigen Ausnahme – am Anfang jeder einzelnen Sure steht) schreibt der Kaiser: „Wir schieden und ließen das Herz zurück, das (bei Euch) blieb." Der erste Brief endet mit den Worten: „Zum Schluss geben wir Eurer Hoheit das Verlangen kund, dass uns häufig Briefe von Ihr erreichen mögen, in denen Sie uns von Ihrem glücklichen Zustand berichtet, Ihren Neigungen und Bedürfnissen." Im zweiten Schreiben heißt es: „Jede weitere Neuigkeit, die wir haben, wer-

---

[33] nach Horst, S. 148

den wir Eurer Hoheit mitteilen, inch allah (so Gott will)."[34]

Im Gespräch mit Fakhr ad-Dîn äußerte sich Friedrich auch zur Stellung des abbassidischen Kalifen, dessen Abstammung in direkter Linie auf al-Abbas Ibn al-Muttalib, einen Onkel des Propheten Mohammed zurückgeht, und verglich ihn mit dem Amt des Papstes: „Das ist gut und der Einrichtung jener Toren, ich meine den Christen, weit überlegen. Denn diese nehmen als geistliches Haupt einen beliebigen Menschen ohne die geringste Verwandtschaft mit dem Messias und machen ihn zu seinem Stellvertreter. Der da, der Papst, hat keine Berechtigung solch einen Rang einzunehmen, wohl aber euer Kalif als Nachkomme von Mohammeds Oheim."[35]

Umfangreich waren die sizilischen Handelsverbindungen mit den muslimischen Anliegerstaaten des Mittelmeeres. Das Abkommen, das der Staufer 1231 mit dem Emir von Tunis abschloss, wurde bereits erwähnt. Es galt für zehn Jahre, setzte die beiderseitigen Zölle auf zehn Prozent fest und sicherte den Kaufleuten die Unterstützung der jeweils anderen Vertragspartei zu. Auch der Austausch von Gefangenen wurde vereinbart. Ein Kuriosum in diesem Vertrag war die Zwitterstellung der Insel Pantelleria dicht vor der tunesischen Küste. Sie unterstand nominell dem Kaiser, der aber zur Ausübung der tatsächlichen Regierungsgewalt einen muslimischen Präfekten einzusetzen hatte. Die Steuereinnahmen des Eilandes flossen je zur Hälfte in die Kassen des hafsidischen Emirs und des sizilischen Königs.[36]

---

[34] Gabrieli, S. 339 ff
[35] nach Kantorowicz, S. 151, vgl. Horst, S. 72
[36] Heinisch, S. 253; Rill, S. 256

Enge wirtschaftliche Beziehungen bestanden daneben auch zum muslimischen Andalusien und natürlich zu Ägypten. So ist überliefert, dass das kaiserliche Schiff mit dem arabischen Namen „Nusf-ed-Dunja" („Die halbe Welt") in Alexandria durch seine Größe und seine dreihundertköpfige Besatzung für Aufsehen sorgte.

Abd al-Aziz, ein Neffe des Emirs von Tunis, floh 1236 nach Apulien und erhielt dort politisches Asyl. Vom Papst wurde daraufhin das Gerücht kolportiert, der Muslim sei auf dem Weg nach Rom gewesen, um sich taufen zu lassen, und werde nun von Friedrich an diesem edlen Vorhaben gehindert.

Von großem Interesse sind die Beziehungen des Kaisers zu den Nizariten, der Hauptlinie der (schiitischen) Ismailiten. Diese schufen nach ihrem Bruch mit den ägyptischen Fatimiden ab 1090 n. Chr. in den Regionen von Alamut (Persien) und Misyaf (Syrien) zwei miteinander verbundene Staaten, die sich unter großen Mühen gegen die ständige Bedrohung durch Kreuzritter, Seldschuken und Mongolen behaupten mussten.

Dass sie dabei auch gezielte Anschläge gegen die Führungselite ihrer Feinde verübten, bildete die Basis für eine der erfolgreichsten und langlebigsten Propagandalügen der Weltgeschichte. Die für sie verbreitete Bezeichnung „Assassinen" leitet sich vermutlich von dem arabischen Wort „assas" ab, das mit Grundlage oder Fundament übersetzt wird. Verballhornt wurde daraus „Haschischin" (Haschischraucher) und es entstand die krude Legende, dass ihre „Todesboten" unter dem Einfluss von Rauschgift und der Vorgaukelung des Paradieses massenweise ihre Feinde niedermetzelten. Über die Kreuzritter und insbesondere über die Berichte Marco Polos fand der Name dann seinen Weg nach Europa, wo er im Französischen oder Englischen bis heute mit „Meuchelmörder" gleichgesetzt wird.

Belegt ist, dass 1227 eine kaiserliche Gesandtschaft bei Majd al-Dîn, dem nizaritischen Statthalter in Nordsyrien, eintraf. Georgina Masson vermutet Friedrichs „Interesse für alles Orientalische" als Hintergrund dieser Beziehungen und beschränkt sich ansonsten darauf, mit der Wiederholung der oben angerissenen Gräuelmärchen ihre profunde Unkenntnis islamischer Geschichte wiederzugeben. Gegen ihre Theorie spricht allerdings die hohe Summe von achtzigtausend Dinar, auf die der Wert der kaiserlichen Geschenke an die Nizariten geschätzt wird. Sie waren wahrscheinlich für Imam 'Alâ' al-Dîn Muhammad in Alamut bestimmt, das geistliche und weltliche Oberhaupt der Glaubensgemeinschaft. Aufgrund der unsicheren Straßenverbindungen quer durch feindliche Gebiete verblieben sie dann aber in Syrien. Natürlich ist es unmöglich, den genannten Betrag in eine heutige Währung umzurechnen. Aber dass es sich um mehr als eine Geste der Höflichkeit handelte, belegt eine respektlose Bemerkung des arabischen Chronisten Ibn al-Giawzi über den Kaiser. Er stellte nämlich nüchtern fest, dass dieser auf dem Sklavenmarkt keine zweihundert Dirham erzielt hätte. Zwar war das Verhältnis von Dinar und Dirham, das ursprünglich einmal 1:10 betragen hatte, gewissen Schwankungen unterworfen, aber achtzigtausend Dinar entsprachen auf jeden Fall dem Gegenwert einer vierstelligen Zahl von Menschen!

Im Abendland erzählte man sich sogar, dass Friedrich persönlich den „Alten vom Berge", besucht habe. So nannte man den berühmten syrischen Nizariten-Führer Raschîd al-Dîn Sinân (der ein Jahr vor der Geburt des Kaisers verstorben war!) und übertrug den Namen dann auch auf dessen Nachfolger. Die Gerüchte schossen noch weiter ins Kraut: „Keinen Fürstenmord gab es zu Friedrichs Zeiten, den nicht des Kaisers Assassinen ausgeführt haben sollten."[37] So machen die Großen Kölner Jahrbücher erstaunlich konkrete Angaben zu den unbekannten Mördern des Herzogs Ludwig von Bayern, der zugleich kaiserlicher Statthalter und Vormund König Heinrichs war: „Ludwig wurde inmitten der Seinen von einem Sarazenen, einem Boten des Alten vom Berge, der als Verbündeter des Kaisers die vielen Beleidigungen, die der Herzog dem Kaiser zugefügt hatte, rächen wollte, ermordet. Man glaubt jedoch, dass dies mit Wissen des Kaisers geschehen sei."[38]

Sicher ist dagegen die bereits erwähnte Teilnahme einer nizaritischen Delegation am Hoftag im Friaul 1232. Hierüber berichtet die Kölner Königschronik: „Als das Osterfest der Sarazenen herannahte, lud der Kaiser am Tage der heiligen Maria Magdalena die Gesandten des Sultans und des Alten vom Berge zur Tafel und bereiteten ihnen ein festliches Gastmahl, während viele Bischöfe und viele edle Deutsche dabeisaßen."[39]

Den Kontakt mit der islamischen Welt suchte Friedrich insbesondere bei wissenschaftlichen und philosophischen Problemen. Schon während seines Aufenthaltes in Akko sandte er al-Kâmil sieben Fragen, die dieser an Alam al-Hanafi und andere Gelehrte weiterleitete. Drei von ihnen sind in einer Abhandlung des Malechiten[40] Schihab ad-Dîn Ahmed Ibn Idrisi al Qarafi überliefert. Sie befassen

---

[37] Kantorowicz, S. 152

[38] nach Heinisch, S. 248

[39] nach Heinisch, S. 249

[40] eine der vier sunnitischen Rechtsschulen

40

sich mit der Krümmung des Lichtes, der menschlichen Pupille und dem Phänomen, dass Himmelskörper beim Aufgang größer zu sein scheinen als im Zenit. Geradezu verblüffend ist dabei, dass der Kaiser die letztgenannte Frage am Beispiel des Canopus festmachte. Der Canopus (α-Carinae) im Sternbild des Schiffskiels ist zwar nach dem Sirius der zweithellste Stern am Himmel, aber in Italien und Sizilien überhaupt nicht zu sehen! Erst in Nordafrika und im mittleren Osten kommt er für einige Wochen im Jahr über den südlichen Horizont und spielte bei arabischen Astronomen und Seeleuten, die ihm den Namen Suhail (Hengst) gaben, eine herausragende Rolle.

Später machten die „sizilianischen Fragen" (Quaestiones Sicilianae) Furore, die Friedrich in den dreißiger Jahren nach Nordafrika, Syrien, Kleinasien, in den Irak und den Jemen schickte. Erhalten sind die Antworten des maghrebinischen Sufis Abu Mohammed Abd el-Hakh Ibn Sab'în, der aus dem andalusischen Murcia stammte und dem man den merkwürdigen Beinamen „Polarstern des Glaubens" gegeben hatte. Der Kontakt mit diesem war durch die Vermittlung des Almohaden-Herrschers al-Raschîd und seines Statthalters in Ceuta, Ibn Halas, zustande gekommen.

Drei der fünf Fragen beziehen sich unmittelbar auf das Werk des griechischen Philosophen Aristoteles, der im christlichen Europa jener Zeit höchst umstritten war. Wenige Jahre zuvor (1209) hatte Papst Innozenz III. das Studium seiner Schriften sogar ganz verboten. Erst Thomas von Aquin sollte es nach Friedrichs Tod gelingen, die aristotelische und die katholische Lehre miteinander zu verbinden. Im islamischen Kulturraum war das Gedankengut des großen Griechen dagegen schon seit langem bekannt und geschätzt. Viele seiner Schriften lagen sogar nur als arabische Übersetzungen vor, die erst jetzt Stück für Stück ins Lateinische übertragen und damit dem Abendland zugänglich gemacht wurden.

Die erste[41] Frage galt der aristotelischen Kategorienlehre und damit der wissenschaftlichen Methodik. Sie lautete:

„Welche Kategorien gibt es und wie werden die zehn, die wir kennen, in allen Zweigen der Wissenschaft angewendet? Aber gibt es wirklich zehn und warum können wir nicht welche abziehen oder hinzufügen? Wie wird das alles bewiesen?"

Die zweite und die dritte Frage verbanden die Arbeiten des Aristoteles mit den Grundfragen der (christlichen und islamischen) Theologie, nämlich der Ewigkeit der Welt – respektive ihrer Erschaffung – und der Unsterblichkeit der Seele:

„Der weise Aristoteles bezeichnet in allen seinen Schriften die Existenz der Welt einfach mit ‚von Ewigkeit her'; kein Zweifel, dass er dieser Ansicht war. Indessen, welches sind, falls er es bewiesen hat, seine Beweggründe? Und wenn er es nicht bewiesen hat, welcher Art ist seine diesbezügliche Überlegung?"

„Welches ist der Beweis für die Unsterblichkeit der Seele? Und ist sie überhaupt unsterblich? Und wo befindet sich der weise Aristoteles im Gegensatz zu Alexander von Aphrodisias?"

Die vierte Frage wandte sich unmittelbar der Theologie zu:

---

[41] entspricht nicht der ursprünglichen Reihenfolge

„Welches ist das Gebiet (Ziel) der theologischen Wissenschaft; welches sind ihre wichtigsten Postulate, sofern sie Postulate aufstellt?" Die fünfte und letzte Frage vollzog schließlich den Sprung weg von der Theologie im Allgemeinen und hin zum muslimischen Glauben:

„Wie sind die Worte des Mohammed zu erklären: ‚Das Herz der Gläubigen liegt zwischen beiden Fingern des Barmherzigen'?"

In der Literatur wird diese Frage als eine Art Kuriosität gehandelt, deren Niveau und Bedeutung weit unter den philosophischen Problemen der übrigen vier anzusiedeln ist. Der Historiker Wolfgang Stürner: „Die vier Hauptquaestionen ... stammen ... aus den Bereichen der Wissenschaftstheorie und der Philosophie."[42] Bestenfalls billigt man ihr zu, dass sie sich auf die Vereinbarkeit des rationalen Denkens mit dem Glauben bezieht, die insbesondere von Ibn Ruschd (Averroës) in die damalige Diskussion eingebracht wurde. Doch gerade sie ist die eigentliche Sensation, belegt sie doch Friedrichs direkte geistige Auseinandersetzung mit dem muslimischen Glauben. So gesehen scheint es beinahe sinnvoller zu sein, von einer Hauptquaestion zu sprechen. Der Philosoph Santino Caramella bietet für den zitierten Hadith[43] übrigens die Interpretation der „beiden Finger (an), zwischen denen Gott unser Herz hält. Denken oder Glauben: Die Wirklichkeit des Lebens, für die sie verschiedene Wege vorschlagen, muss eine einzige sein, wie das Herz."[44]

---

[42] Stürner, S. 391
[43] Ausspruch des Propheten Mohammed
[44] nach Horst, S. 91

Die Antworten des Sufis tragen zur Klärung der Sachverhalte so gut wie nichts bei und verraten darüber hinaus eine erstaunliche Arroganz. Viel wichtiger ist jedoch, dass

- ein christlicher Kaiser sich mit der Sunna[45] beschäftigte, sogar einen wenig verbreiteten Hadith kannte und über dessen Bedeutung nachdachte,

- Friedrich sich augenscheinlich intensiv mit dem verfemten Philosophen Aristoteles und seinen arabischen Kommentatoren auseinandergesetzt hat,

- er muslimische Gelehrte offenbar nicht nur hinsichtlich des Hadith, sondern auch in Bezug auf existentielle philosophische Probleme für die kompetentesten Gesprächspartner hielt und einen erheblichen Aufwand betrieb, um mit ihnen in Kontakt zu kommen.

Islamische Kalligraphie zum Lobe Allahs

---

[45] Worte und Taten des Propheten Mohammed

Die Erben des Kaisers

Aus dem bislang Gesagten ergibt sich, dass der Islam im Allgemeinen und die Sarazenen-Stadt Lucera im Besonderen während der Regierungszeit Friedrichs II. eine bedeutende Rolle spielten. Nach seinem Tod wurden sie für fast zwei Jahrzehnte sogar zur tragenden Säule des südlichen Stauferreiches. In seinem Testament hatte der Kaiser seinen Sohn Konrad IV., der bereits seit 1237 deutscher König war, zu seinem Erben und Nachfolger bestimmt. Für den Fall, dass dieser kinderlos sterben sollte, wurden seine Halbbrüder Heinrich und Manfred als Nacherben benannt.

Von diesen dreien sollte Manfred, der seinem Vater am ähnlichsten war, die entscheidende Rolle für die weitere Geschichte des Islam in Süditalien spielen. Zwar erhielt er von Friedrich nur das Fürstentum Tarent zugesprochen, doch gleichzeitig wurde er von ihm zum Statthalter Konrads „in Italien und besonders im Königreich Sizilien" bestellt, „indem wir ihm Vollmacht erteilen, alles nach eigenem Gutdünken zu tun, was wir, wenn wir am Leben wären, persönlich tun könnten ... und bestimmen, dass unsere vorgenannten Söhne Konrad und Heinrich und ihre Erben alles, was er angeordnet hat, fest und rechtsgültig halten und beachten sollen".[46]

Belastet wurde ihr aller Erbe durch den unversöhnlichen Hass der apostolischen Mafia, die die Staufer unvermindert als ihren Hauptfeind auserkoren hatte, getreu dem 1245 auf dem Konzil von Lyon verlesenen Aufruf Papst Innozenz': „Vernichtet Namen und Leib, Spross und Samen dieses Babyloniers!"

---

[46] nach Heinisch

Anfang Januar 1252 traf König Konrad in Apulien ein und wurde von Manfred in Siponto (dem späteren Manfredonia) empfangen. Obwohl sich das Verhältnis zwischen den Halbbrüdern rasch abkühlte, setzten sie den Kampf, den Manfred erfolgreich gegen die rebellierenden Städte begonnen hatte, gemeinsam fort und stellten die Einheit des sizilischen Staates wieder her. Doch nach dem Tod Konrads im Mai 1254 nutzte der Vatikan das entstandene Machtvakuum augenblicklich aus, um Manfred zur formellen Anerkennung der Lehnsherrschaft des Papstes zu nötigen. Damit nicht genug: Im Oktober wurden Gefolgsleute des Statthalters von päpstlichen Truppen gefangen genommen; er selbst konnte mit knapper Not nach Lucera entkommen, das er mit nur drei Begleitern am 2. November erreichte.

Die Lage stellte sich dramatisch dar. Der von Konrad testamentarisch zum Reichsverweser für seinen zweijährigen Sohn und Nachfolger Konradin ernannte Berthold von Hohenburg war postwendend zum Feind übergelaufen. Und der Kommandant von Lucera, der bereits erwähnte Giovanni il Moro, befand sich gerade auf dem Weg nach Rom, um dem Papst die Schlüssel der Festung zu übergeben.

Doch die Sarazenen bereiteten „ihrem Sultan" einen triumphalen Empfang und trugen ihn auf Schultern durch die Stadt. Um ihm den demütigenden Weg durch einen Regenwasserkanal zu ersparen, brachen sie sogar das Stadttor auf, denn die Schlüssel führte wie gesagt der abwesende Kommandant mit sich.

Die muslimischen Elitetruppen wurden von nun an zum staatstragenden Element im staufischen Sizilien. Mit ihrer Hilfe konnte Manfred im Dezember bei Foggia das päpstliche Heer besiegen und im Laufe des folgenden

46

Jahres sämtliche Feinde aus dem Land verjagen. 1255 wurde er von den deutschen Fürsten offiziell als Statthalter seines minderjährigen Neffen Konradin anerkannt, und 1258 ließ er sich schließlich in Palermo selbst zum König krönen, nachdem aus Deutschland die (falsche) Meldung von Konradins Tod eingetroffen war.

Tunesien, seit 1230 von den Hafsiden regiert, zahlte nun wieder bereitwillig Tribut, und auch sonst blühten die Beziehungen zu den muslimischen Anrainerstaaten des Mittelmeeres erneut auf. Mitte des vorigen Jahrhunderts fand man in einem Codex der Universitätsbibliothek Basel sogar einen mysteriösen Text aus dem frühen 15. Jahrhundert, bei dem es sich wahrscheinlich um die Abschrift eines Briefes der syrischen Nizariten an Manfred aus dem Jahr 1265 handelt[47]. In dem Schreiben bezeichnen diese ihre beiden Herrscher und den sizilischen König als die Winkel eines „einzigen und unauflöslichen Dreiecks" und bieten dem Staufer ihre Unterstützung gegen den Papst und den französischen Usurpator Karl von Anjou an. Letzterem wird ein Ultimatum bis zum 1. Februar (1266) gestellt, um die Angriffsvorbereitungen zu beenden und sich Manfred zu unterwerfen. Die Namen der Nizariten-Führer werden mit Eleazar und Cleopatras zwar falsch angegeben, doch hierbei kann es sich durchaus um spätere Übertragungsfehler handeln. Sicher nicht ganz korrekt ist auch die Ortsangabe Babilon Mons für den Jebel Aansariye. Allerdings wurde das Gebirge in der Antike als Bargylus Mons bezeichnet, was lautmalerisch sehr gut zu dem genannten Namen passt.

Dagegen verblüfft der sonstige Inhalt des Dokumentes durch Detailkenntnisse des Nizaritenstaates, die im mit-

---

[47] nach Schaller: König Manfred und die Assassinen, S. 173 ff.

telalterlichen Europa mit Sicherheit nicht bekannt gewesen sein dürften. Allein die Tatsache, dass das Gemeinwesen in dem engen Zeitfenster zwischen 1262 und 1274 gemeinsam von Vater und Sohn regiert wurde, ist als Insiderwissen zu betrachten, das die Authentizität des Textes belegt. Rätselhaft erscheint auf den ersten Blick die Datierung des Schreibens auf das „204. Jahr der Herrschaft Eleazars, des Vaters, und (das) 68. Jahr der Herrschaft unseres Sohnes Cleopatras". Zieht man jedoch von dem damals aktuellen Jahr 663 n. d. H.[48] die genannten zweihundertvier Jahre ab, so kommt man auf 459 n. d. H., und in dieser Zeit muss der später als Imam verehrte Gründer von Alamut, Hassan-i Sabbâh, der Religionsgemeinschaft beigetreten sein oder seine Berufung zum dâ'î[49] erhalten haben. Somit ergibt die scheinbar absurde Regierungsdauer von zweihundertvier Jahren plötzlich einen Sinn, wenn man sie auf den Staat in seiner Gesamtheit bezieht. Bei „Cleopatras" dürfte „Jahr der Herrschaft" dagegen schlicht und einfach das Lebensalter bezeichnen, was ebenfalls sehr gut mit den historischen Fakten und der ismailitischen Theologie übereinstimmt.

Zum Inhalt des Briefes passt der Besuch einer sizilischen Gesandtschaft bei dem greisen syrischen Nizariten-Führer Najm al-Dîn im Herbst 1265, der durch mehrere arabische Quellen zuverlässig belegt ist. Diese überreichte dem Imam und seinem Sohn und Mitregenten Shams al-Dîn kostbare Geschenke und brachte sicherlich auch die drohende Invasion der Franzosen in das Stauferreich zur Sprache. Allerdings war eine konkrete Hilfe der Ismailiten nur noch schwer möglich, da ihr persisches „Mutterland" 1256 n. Chr. von den Mongolen zerstört worden war und

---

[48] islamische Zeitrechnung nach der Hedschra
[49] Missionar

die syrischen Besitzungen selbst akut durch die Mamelucken bedroht wurden, die im Nahen Osten das Erbe der Aijubiden angetreten hatten.

Ǧamâl ad-Dîn, Großkadi von Hama, der sich als Botschafter des Mamelucken-Sultans Baibars am sizilischen Hof in Barletta aufhielt und wiederholt Verhandlungen mit König Manfred führte, schildert diesen als „gelehrten Mann, der die dialektischen Wissenschaften liebte und die zehn Bücher Euklids über die Geometrie auswendig wusste"[50]. Der Großkadi weiter: „Nicht weit von meinem Aufenthaltsort lag eine Stadt mit Namen Lucera, deren Einwohner alle Muslime von der Insel Sizilien sind: Hier wird der Freitagsgottesdienst öffentlich abgehalten, und alle bekennen sich offen zum muslimischen Glauben. Das ist so seit der Zeit des Kaisers, Manfreds Vater."

1261 bestieg Jacques Pantaléon, ein Schuhmachersohn aus Troyes, als Papst Urban IV. den Stuhl Petri. Zwei Jahre später versprach er Karl von Anjou, einem ebenso machthungrigen wie skrupellosen Bruder des französischen Königs Ludwig IX., das Königreich Sizilien. Und „durch die französischen Lande erging der Aufruf der Kurie, an einem Kreuzzug gegen den ‚Sultan von Nocera' teilzunehmen"[51].

Scheinbar legitimiert durch den päpstlichen Segen und durch seine Krönung am 6. Januar 1266 (bezeichnenderweise nicht durch den Papst, sondern durch vier Kardinäle) überschritt der Franzose Anfang Februar 1266 den Grenzfluss Liri. Bei Benevent stieß er am 26. Februar auf Manfreds Heer, dessen größtes Einzelkontingent wieder von seinen treuen und kampferprobten Sarazenen gebil-

---

[50] nach Gabrieli, S. 336

[51] Cartellieri, S. 16

det wurde. Doch gerade ihr Todesmut sollte sich diesmal als verhängnisvoll erweisen, denn sie griffen an, ehe die übrigen Truppen vollständig ihre Stellungen bezogen hatten. Damit brachten sie den König in eine prekäre Situation, die sich zur Katastrophe auswuchs, als sich mehrere sizilische Barone weigerten, mit ihren Soldaten in die Schlacht einzugreifen. Manfred fiel mit dem Schwert in der Hand, sein Heer wurde beinahe vollständig aufgerieben und der fromme Karl gab Benevent – das zum Kirchenstaat gehörte! – zur Plünderung und zu einer tagelangen „Vernichtungsorgie"[52] frei.

Judaslohn? Gold-Ecu aus dem Jahr 1266

---

[52] Rill, S. 311

50

Anderthalb Jahre später brach Friedrichs Enkel und rechtmäßiger Erbe Konradin von Schwaben nach Sizilien auf, um dort die staufische Herrschaft wiederherzustellen. Der Emir von Tunis, der dem Usurpator Anjou die Tributzahlungen verweigert hatte, stellte sich auf Konradins Seite. Während dessen Heer die Alpen überquerte, organisierte sein sizilianischer Generalvikar Konrad Capece mit Unterstützung des Emirs die Invasion der Insel. Er rüstete in Tunis zwei Kriegsschiffe aus und fuhr mit fünf- bis achthundert Soldaten nach Siacca. Bei einem Zwischenstopp auf Pantelleria leistete der dortige Kapitän den Treueeid auf Konradin und „überreichte eine größere Geldsumme, die von der stauferfreundlichen, meist sarazenischen Bevölkerung erhoben worden war"[53]. Anjous Statthalter Fulco von Puyregard griff Capece nach der Landung auf Sizilien mit einem zahlenmäßig überlegenen Heer an. Aber die unter den Franzosen dienenden Sizilier hissten während der Schlacht die Fahnen der Hohenstaufen, liefen zu Capeces Truppen über und verhalfen ihm so zum Sieg. Auch die Sarazenen in Lucera erhoben sich und konnten ihre Besatzer töten oder verjagen.

Am 23. August 1268 kam es bei Scurcola in der Nähe der Stadt Tagliacozzo zur Entscheidungsschlacht zwischen Staufern und Franzosen. Konradin verfügte über das größere Heer und die modernere Ausrüstung. Aber Anjou besaß die besseren Strategen, die ihre drohende Niederlage durch Kaltblütigkeit und geschicktes Manövrieren in einen glänzenden Sieg verwandeln konnten. Konradin geriet in Gefangenschaft und wurde nach einem Schauprozess am 29. Oktober in Neapel ermordet.

---

[53] Hampe, S. 192

Die Sarazenen leisteten den erbittertsten Widerstand gegen die Eindringlinge und Lucera konnte erst 1269 nach sechsmonatiger Belagerung erobert werden. Nicht einmal ihr Name sollte der Stadt nach dem Willen der neuen Machthaber erhalten bleiben, die sie nach einer nochmaligen Belagerung und Eroberung im Jahr 1300 (erfolglos) in Città di Santa Maria umtauften. Damit ging die Geschichte des Islam in Italien zu Ende.

Für den katholischen Klerus sollte sich der Pakt mit dem Teufel übrigens nicht rechnen, denn er war von nun an nur noch eine Marionette der französischen Könige. Dreiundvierzig Jahre oder zwölf (12!) Päpste nach der Schlacht von Benevent verlegte Philippe le Bel den Heiligen Stuhl zwangsweise nach Avignon, wo er sich – um den zeitgenössischen Dichter Francesco Petrarca zu zitieren – vollends zu „einer Stätte des Kummers, einer Schande der Menschheit und einem Pfuhl des Lasters" entwickelte.

Friedrich als katholischer Kaiser

Im September 1197, im Alter von nicht einmal zwei Jahren, verlor Friedrich seinen Vater Heinrich VI. Als seine Mutter Konstanze ihrem Mann ein Jahr später ins Grab folgte, sah der junge König einer höchst ungewissen Zukunft entgegen. Die einzige Absicherung, die die Kaiserin für ihr Kind hatte treffen können, war, es unter die Vormundschaft des neugewählten Papstes Innozenz III. zu stellen.

Trotzdem überlebte Friedrich seine Jugend nur mit einer gehörigen Portion Glück. Berichte, nach denen er von den Bürgern Palermos abwechselnd mit durchgefüttert wurde, entspringen wahrscheinlich dem Reich der Phantasie. Doch unumstritten ist, dass er bis zu seiner Volljährigkeit lediglich ein Spielball wechselnder Machtinteressen war.

In Deutschland hatte man das „Chint von Pulle" (Kind von Apulien) – immerhin offizieller deutscher König – schon 1198 abgeschrieben und seinen Onkel Philipp von Schwaben zum neuen König gewählt. Nach dessen Ermordung 1208 wurde der Welfe Otto IV. vom Papst zum Kaiser gekrönt – und überwarf sich wenig später mit diesem. Das war die Chance für Friedrich, der nach seiner Volljährigkeit mit Unterstützung des Papstes, vor allem aber dank seines Charismas und einiger glücklicher Zufälle sein eigenes Reich zurückerobern konnte.

Am 25. Juli 1215 wurde er in Aachen ein zweites Mal zum deutschen König gekrönt und gelobte bei diesem Anlass, zu einem Kreuzzug nach Palästina aufzubrechen. 1220 wurde er von Papst Honorius III., einem freundlichen älteren Herrn, zum römischen Kaiser gekrönt und in der Folge immer wieder an die Einlösung seines Gelübdes erinnert. 1227 schien es endlich so weit zu sein: Im Hafen von Brindisi stand ein gewaltiges Heer unter Führung des Kaisers zur Überfahrt bereit. Doch dann brach eine Seuche aus (vermutlich die Cholera) und erzwang einen neuerlichen Aufschub.

Inzwischen war Honorius gestorben und ihm Gregor IX. auf dem Heiligen Stuhl nachgefolgt. Dieser sah in dem Staufer das größte Hindernis für sein eigenes Machtstreben und nahm die Verschiebung des Kreuzzuges zum Vorwand, um ihn zu exkommunizieren. Als der Kaiser zwei Jahre später tatsächlich ins Heilige Land aufbrach, zeigten sich Gregors wahre Absichten. Denn während Friedrichs Abwesenheit versuchten Truppen des Kirchenstaates vergeblich, das nunmehr führungslose Königreich Sizilien zu erobern. Zwar verbot das Kirchenrecht ausdrücklich, sich am Eigentum von Kreuzfahrern zu vergreifen, doch die Gelegenheit war günstig und der Kaiser schließlich gebannt. Selbst der erfolgreiche Ausgang des Kreuzzuges, mit dem der angebliche Grund für die Exkommunikation weggefallen war, konnte den Papst nicht zu ihrer Aufhebung veranlassen. Diese erfolgte erst Ende August 1230, über ein Jahr nach Friedrichs Rückkehr.

Ein knappes Jahrzehnt lang herrschte relativer Frieden zwischen den beiden mächtigsten Männern des Abendlandes. Dann schlug Gregor erneut zu und verhängte am 20. März 1239 zum zweiten Mal den Kirchenbann über seinen Widersacher. Ein konkreter Anlass fehlte diesmal und so behalf sich der Papst mit einem Sammelsurium von Anklagen. Friedrich habe Geistlichen die Durchreise verwehrt, er hindere Abd al-Aziz, den bereits erwähnten Neffen des Emirs von Tunis, am Empfang der Taufe, er erhebe unrechtmäßig Steuern von Kirchen und Klöstern etc., etc. Selbst die Verantwortung für den Mongoleneinfall wurde ihm von der Kurie in die Schuhe geschoben. Die meisten der Vorwürfe waren derart grotesk, dass sogar König Ludwig IX. von Frankreich – genannt „der Heilige" – entschiedenen Widerspruch gegen sie einlegte. Der Kaiser selbst erklärte den Gang der Ereignisse damit, dass Gregor „von der allgemeinen Verwirrung einen Juckreiz bekam und an uns, dem höchsten und einzigen Sohn der Kirche, die Stacheln seiner Niedertracht rieb."[54] Der nächste Papst starb schon vor seiner Weihe. Aber der Übernächste – Innozenz IV. – führte den Kampf gegen Kaiser und Reich entschlossener als je zuvor. Im Juli 1245 ließ er Friedrich durch das Konzil von Lyon sogar offiziell seines Amtes entheben. Zwar regierte der Staufer unbeeindruckt hiervon weiter, zumal die meisten Kardinäle auf dem Konzil gefehlt hatten und der Beschluss somit jeglicher Rechtsgrundlage entbehrte. Doch der Bruch mit dem Vatikan war unumkehrbar geworden und Friedrich sagte, er wolle jetzt nur noch der Hammer sein und nicht mehr der Amboss. Erst auf seinem Sterbebett wurde die Exkommunikation durch Erzbischof Berard von Palermo wieder aufgehoben.

Dass er in jungen Jahren fest im christlichen Glauben verankert war, beweist sein Kreuzzugsgelübde, das er 1215 ohne irgendeine politische Notwendigkeit ablegte. Auch später wurde er nicht müde, sich als katholischer Kaiser und Beschützer der Christenheit darzustellen, selbst in den Zeiten der schlimmsten Auseinandersetzungen mit dem Papst. Was darf man dabei jedoch nicht vergessen? Als christlicher Kaiser des Römischen Reiches

---

[54] nach Rotter, Ekkehart: Friedrich II., S. 133

mit dem Zusatz „heilig" war er schon kraft seines Amtes auf Gedeih und Verderben mit dem Katholizismus verbunden. Dieser bildete das geistige Fundament seiner Herrschaft und ihn öffentlich anzuzweifeln, hätte ihn sein Amt, sein Reich und sein Leben gekostet.

„In der Öffentlichkeit spielte Friedrich notwendigerweise immer die Rolle des katholischen Fürsten – des ältesten Sohns der Kirche –, aber es kann kaum ein Zweifel daran bestehen, dass seine privaten Ansichten ganz andere waren." – so urteilt Georgina Masson in ihrem 1957 erschienenen Buch[55]. Und von ihm selbst ist der Satz überliefert: „Wie schön wäre es, einen muslimischen Staat zu regieren, ohne Päpste, ohne Priester."[56] Um etwas über seine persönlichen religiösen Anschauungen zu erfahren, ist es daher unumgänglich, seine vordergründigen Bekenntnisse zum christlichen Glauben genau zu analysieren und gewissermaßen zwischen den Zeilen zu lesen.

Beginnen wir mit seinem Testament, in dem er – nach dem Historiker Hans Martin Schaller – „zum Heil seiner Seele die riesige Summe von 100 000 Goldunzen zur Unterstützung des Heiligen Landes stiftete."[57] Der Betrag stimmt natürlich, aber in einer derart verkürzten Darstellung geht unter, dass im gleichen Testament Konrad als König von Jerusalem bestimmt und ihm damit die uneingeschränkte Verfügungsgewalt über das Geld erteilt wurde. Dieses sollte also keineswegs in den dunklen Kanälen syrischer Barone und korrupter Kardinäle versickern,

---

[55] Masson, S. 236

[56] Angelika Ebrecht: Castel del Monte – Krone und Kerker der Kaisermacht, in: Apulien, Basilikata. Leer 1991, S. 79. Nach Horst, S. 137

[57] Schaller: Die Frömmigkeit Kaiser Friedrichs II., S. 128 ff

sondern war für das staufische Imperium bestens angelegt.

Auch andere Bestimmungen des Testamentes, die auf den ersten Blick sehr kirchenfreundlich wirken, haben bei genauerem Hinsehen ihre Tücken:

„Ferner bestimmen wir, dass der Heiligen Römischen Kirche, unserer Mutter, alle ihre Rechte zurückerstattet werden …"

Bis hierhin könnte man tatsächlich annehmen, dass ein reuiger Sünder in den Schoß der Mutter Kirche zurückkehrt. Aber es geht noch weiter im Text:

„… – unbeschadet jedoch in allem und bei allem der Rechte und der Ehre des Reiches, unserer Erben und unserer anderen Getreuen …"

Damit werden schon sämtliche Transaktionen ausgeschlossen, die zu Ungunsten des Staates und der Dynastie erfolgen würden. Doch der wichtigste Halbsatz kommt am Schluss dieser Passage:

„…, sofern die Kirche selbst die Rechte des Reiches zurückerstattet."

Es sprechen also keineswegs Demut, Reue und Unterwerfung aus diesen (beinahe) letzten Worten des Kaisers, sondern die knallharte Forderung an seine Gegner im Vatikan, die weltliche Macht uneingeschränkt anzuerkennen. Auch das scheinbar großzügige Angebot, „alle Güter des Tempelritterordens, die im Besitze unseres Hofes sind, zurückzuerstatten", wird sofort relativiert durch den Nachsatz „natürlich aber nur die, die ihm von Rechts wegen zustehen." Die Rechtmäßigkeit der nach dem Hochverrat der Templer erfolgten Enteignung aber wird mit keinem Wort in Frage gestellt. Im Gegenteil:

„Ferner wollen und wünschen wir, dass keiner der Verräter am Königreich in das Königreich zurückzukehren wagen oder einem von ihrem Schlage zu Hilfe kommen kann; vielmehr sollen unsere Erben verpflichtet sein, Rache an ihnen zu nehmen."

Welche Zugeständnisse an die Kirche sind in dem Testament also tatsächlich zu finden? Nur ein einziges, nämlich die Anweisung, die Kirchen von Lucera und Sora auszubessern und wiederherzustellen. Dies ist jedoch ein sensationell niedriger Preis für die Aufhebung des Kirchenbanns, die Erlangung der Absolution und den Erhalt der Sterbesakramente. Denn ohne dies alles wäre der tote Kaiser nach mittelalterlichem Verständnis der ewigen Verdammnis anheimgefallen und der Herrschaftsanspruch der Staufer wie ein Kartenhaus zusammengebrochen. Im vollen Wortlaut enthält der Passus darüber hinaus noch eine gewisse Pikanterie, denn er bezieht sich „falls irgendwelche andere Kirchen durch unsere Beamten (!) beschädigt worden sind, auch (auf) diese." Dem könnte man nämlich durchaus entnehmen, dass der Kirchenabriss in Lucera kein bedauerlicher Fauxpas war, sondern vielmehr eine gezielte Aktion unter direkter Beteiligung der königlichen Verwaltung.

Für gewöhnlich falsch wiedergegeben wird auch die Antwort des Kaisers auf die vom Papst erhobene Anschuldigung, er habe Moses, Jesus und Mohammed in einer Schmähschrift unter dem Titel „De tribus impostoribus" als drei Betrüger bezeichnet. Nachdem dieser Vorwurf einmal in der Welt war, wurde er gern wiederholt, so von Alberich von Troisfontaines in seiner 1232 begonnenen Chronik: „Drei Betrüger oder Gaukler, sagt er (Friedrich), lebten in der Welt: Moses, Christus und Mohammed. Und so große Ehre erweist er auf diese Weise dem Mohammed, dass er ihn an die Seite von Moses und Christus stellt. Niemals jedoch nannte Mohammed Moses oder Christus Betrüger, und darin ist dieser Kaiser schlimmer als Mohammed."[58]

Daraufhin verteidigte sich Friedrich nach Darstellung des renommierten britischen Historikers David Abulafia wie folgt: „Er stehe fest auf dem Boden des katholischen Glaubens, erkenne die ruhmreiche Rolle an, die Moses bei der Übergabe der göttlichen Gesetze an die Kinder Israels gespielt habe, und wisse sehr wohl, wie jeder andere in Glaubensdingen kundige Christ, dass Mohammed ein Feind Gottes sei, dessen Leib die Teufel in alle Winde zerstreut hätten, während seine Seele zu ewiger Höllenqual verdammt sei."[59]

Aber im Originaltext steht nichts von „wissen". Dort heißt es vielmehr: „Dagegen haben wir gelernt, dass der Leib Mohammeds in der Luft hänge, von Dämonen umlagert, seine Seele aber den Martern der Hölle übergeben sei."[60] Und aus dieser kleinen Abweichung resultiert ein gewaltiger Unterschied. So trifft z. B. Artikel 3 Absatz 1 des deutschen Grundgesetzes eine klare und unmissverständliche Aussage: „Alle Menschen sind vor dem Gesetz gleich." Doch in der Formulierung „Ich habe gelernt, dass alle Menschen gleich seien" schwingt ebenso unmissverständlich der bohrende Zweifel am Wahrheitsgehalt dieser Aussage mit.

Die Anekdote von den drei Betrügern ist übrigens wesentlich älter als der Streit zwischen Kaiser und Papst. Sie

---

58 nach Rotter, Ekkehart: Friedrich II, S. 131

59 Abulafia, S. 299

60 „… Mahometi vero corpus in aere pendere didicimus …"; Übersetzung nach Heinisch, S. 425

tauchte erstmals im 10. Jahrhundert zu Lasten der Karmaten auf, einer sozialrevolutionären schiitischen Sekte, die damals Teile der arabischen Halbinsel eroberte und einen eigenen Staat mit Zentrum in Bahrain gründete. Seitdem wurde sie den verschiedensten kritischen Geistern untergeschoben – so z. B. dem Philosophen Averroës (Ibn Roschd) – denn „wirksam ist eine derartige Verleumdung immer, weil sie sich schwerlich widerlegen lässt."[61]

Früh schon zeigte sich Friedrichs große Toleranz gegenüber Andersgläubigen, die an einen Satz Wilhelms II. erinnert, seines Vor-Vorgängers auf dem sizilischen Thron: „Möge jeder von Euch den Gott anrufen, den er verehrt; wer an seinen Gott glaubt, dessen Herz ist ruhig." Doch Wilhelm II. hatte nur das normannische Königreich Sizilien zu regieren, mit seiner im 12. Jahrhundert „multikulturellen" Gesellschaft und seinen reichen griechischen, byzantinischen und arabischen Wurzeln. Das Land lag im Herzen des Mittelmeeres und konnte von seinen vielfältigen Beziehungen zu den Zentren der muslimischen Zivilisation und Wissenschaft profitieren, die auch unter der Normannenherrschaft niemals abrissen. Die islamischen Universitäten blickten zu dieser Zeit schon auf eine mehrhundertjährige Geschichte zurück, so in Tunis (gegr. 732), Fes (gegr. 867) oder Kairo (gegr. 983 von den Fatimiden). In der Bibliothek des Kalifen von Cordoba sollen fünfhunderttausend Bücher gestanden haben und in der des Kalifen von Kairo sogar zwei Millionen. Und im Andalusien des 10. Jahrhunderts gab es bereits fünfzig öffentliche Büchereien. Cordoba war mit einer halben Million Menschen eine der größten Städte der Welt und auch

---

[61] Horst, S. 123

die Einwohnerzahl von Palermo muss in die Hunderttausende gegangen sein.

So berichtete der irakische Reisende Ibn Hawqal, der die Stadt im Jahr 975 besuchte, dass sie damals über mehr als dreihundert Moscheen verfügte, von denen die größte Platz für siebentausend Gläubige bot.

Mit dem Ende der arabischen Herrschaft hatte zwar auch in Sizilien ein gewisser kultureller Niedergang eingesetzt, doch Friedrich bemühte sich erfolgreich, diesen Trend aufzuhalten und umzukehren. Als er den Thron bestieg, konnten nach dem Bericht eines zeitgenössischen Chronisten nur wenige Menschen im Königreich lesen und schreiben. Nach seinem Tod hingegen – so heißt es – wären vielen Kindern die Grundlagen der Grammatik verständlich gewesen[62]. Er förderte die Wissenschaft in allen Bereichen, gründete in Neapel die erste staatliche Hochschule der Welt und unterstützte die altehrwürdige Universität in Bologna. Die Ausbildung von Ärzten an der medizinischen Fakultät von Salerno revolutionierte er, indem er die Studiendauer auf mindestens acht Jahre festlegte. Von diesen waren die ersten drei der Logik gewidmet, „weil die Wissenschaft von der Heilkunst niemals ohne gewisse Vorkenntnisse der Logik verstanden werden kann."[63] Auch verschärfte er die Vorschriften für die Approbation und verordnete den angehenden Medizinern eine einjähriges Praktikum als Assistenzarzt. Sein berühmtes Buch „De Arte Venandi cum Avibus"[64] machte ihn schließlich zu einem Pionier der Ornithologie und

---

[62] nach Masson, S. 228
[63] Rösch, S. 140
[64] Von der Kunst, mit Vögeln zu jagen

bildet bis zum heutigen Tag ein Standardwerk der Falknerei.

Ganz anders sah es dagegen in dem riesigen Entwicklungsland nördlich der Alpen aus, das Friedrich von seinem Großvater Barbarossa geerbt hatte und dessen Krone ihn erst von einem Regionalfürsten zum mächtigsten Herrscher des Abendlandes erhob. Die größte Stadt in Deutschland war Köln mit dreißig- bis vierzigtausend Einwohnern. Nur eine Handvoll Städte, z. B. Nürnberg, hatte überhaupt mehr als zwanzigtausend Einwohner und selbst München und Frankfurt lagen knapp unter der Marke von zehntausend. Die Bibliothek der berühmten Pariser Sorbonne hatte einen Gesamtbestand von 6 (in Worten: sechs!) Bänden[65] und ihre medizinische Fakultät verfügte über ein einziges Werk – das von dem muslimischen Gelehrten al-Razi stammte[66]!

Die Deutschen mussten zu Friedrichs Zeiten sogar noch einhundertfünfzig Jahre warten, ehe 1386 ihre erste Universität in Heidelberg gegründet wurde. Die Kunst des Lesens und Schreibens war der Geistlichkeit vorbehalten, und diese nutzte sie für so wichtige Probleme wie den angeblich höheren Wassergehalt der Frau und deren daraus resultierende Minderwertigkeit[67]. Selbst am Papier haperte es. Während schon 794 die erste Papiermühle in Baghdad gebaut wurde, dauerte es bis 1389, ehe mit der Geismühle bei Nürnberg die erste derartige Einrichtung in Deutschland ihren Betrieb aufnahm.

„Dass ihm (Friedrich) die materielle Kultur des Orients, die so viel reicher und raffinierter war als die gleichzeitige

---

[65] DeutschlandRadio Berlin, 05.02.2001, 14.40 Uhr

[66] Garaudy, S. 134

[67] nach Ranke-Heinemann, S. 185

des Westens, als ein Wert erschien, dem man so nahe wie möglich kommen müsse, steht außer Zweifel."[68] Doch die gemeinsame Religion war die alleinige Klammer, die sein gewaltiges Staatsgebilde zwischen Malta und der Nordsee zusammenhalten, und die gebetsmühlenartigen Wahrheiten der katholischen Kirche die alleinige Ideologie, die von den schlichten Gemütern deutscher Ritter und Bauern überhaupt aufgenommen werden konnte.

„Durch sein Amt als Schirmer der Kirche war dem Kaiser die einzige Möglichkeit gegeben, die römische Universalkirche in den Staat einzubeziehen, ja sie als des Schutzes bedürftig dem Staat sogar zu unterstellen. Andererseits war ihm die Kirche unentbehrlich, weil auf dem katholischen Glauben der Staat mit seinen Gesetzen beruhte."[69] Friedrich hatte also gar keine andere Wahl, als die Kirche zu schützen und zu fördern, aber er tat dies sehr zurückhaltend. So ließ er während seiner zweiundvierzigjährigen Regierungszeit nur ein einziges Gotteshaus errichten, nämlich die Kathedrale von Altamura.

Während er das Christentum an sich akzeptierte und sogar als staatstragendes Element verwendete, führte er gleichzeitig einen erbitterten – letztlich aber erfolglosen – Kampf gegen die massiven Entartungen, die den Klerus wie ein roter Faden von oben nach unten durchzogen.

Die theologischen Eckpfeiler der damaligen Kirche hießen Bigotterie, Nepotismus, Korruption und Simonie[70] und das dringlichste Anliegen der zeitgenössischen Päpste zielte auf die Anhäufung von Macht und Reichtum in

---

[68] Gabrieli, S. 86

[69] Kantorowicz, S. 209

[70] zu deutsch: Frömmelei, Vetternwirtschaft, Bestechlichkeit und Ämterkauf

einem vorher nicht gekannten Ausmaß. Dies gilt insbesondere für Ugolino von Segni, der als Papst Gregor IX. in die Fußstapfen seines Onkels und Vor-Vorgängers Innozenz III. trat. Er schreckte weder vor der Anstiftung zum Mord zurück noch davor, seine Truppen wie ein Tartarenfürst auf Eroberungszüge zu schicken. Ernst Kantorowicz charakterisierte ihn als „hasserfüllten starrköpfigen Greis, der seit Beginn seines Pontifikats nur das Ziel kannte: Demütigung, wenn nicht Vernichtung Friedrichs."[71]

Sein Nachfolger Sinibaldo Fieschi (Innozenz IV) wird von Historikern als „eiskalt berechnender Jurist"[72] und als „einer der widerwärtigsten Petrus-Nachfolger",[73] bezeichnet, „dessen Intriganz der Gregors IX. in nichts nachstand." Er trieb die Vetternwirtschaft zum Höhepunkt und erkaufte sich bei einigen Kurfürsten gegen einen hohen Betrag die Wahl des thüringischen Landgrafen Heinrich Raspe zum deutschen Gegenkönig. Ein hübsches und anschauliches Denkmal dieser „Königswahl" ist das Grabmal des Mainzer Erzbischofs Siegfried III. im Mainzer Dom. Auf ihm ist der Kirchenfürst in Lebensgröße abgebildet, wie er zwei halb so großen Königen – Heinrich Raspe und Wilhelm von Holland – ihre niedlichen kleinen Köpfchen mit Kronen verziert.

1244 setzte sich Innozenz nach Lyon ab, das nominell zum Heiligen Römischen Reich gehörte, aber de facto von französischem Staatsgebiet umgeben war. Über die Motive dieser Flucht schrieb der Chronist Mattheus Paris: „Es gab jedoch Leute, die behaupteten, der Papst sei

---

[71] Kantorowicz, S. 135
[72] Horst, S. 131
[73] Rotter, Ekkehart: Apulien, S. 51

mehr aus Gier nach Geschenken geflohen, die ihm jenseits der Alpen diejenigen Anhänger überreichen wollten, die es nicht wagten durch die Länder des Kaisers zu ziehen, und dass er denen entgegengegangen sei, um ihnen seine offenen Taschen hinzuhalten, als aus Furcht vor irgendeiner Verfolgung ... Um dieselbe Zeit begab sich der Papst in die Stadt Asti, auf Veranlassung seiner Verwandten in Genua, die gierig nach Gold und Silber, ihn überredeten, den Engländern und Franzosen sowie den Bewohnern der Grenzgebiete, die ihm Geschenke brachten, rasch und bereitwillig entgegenzueilen und keinem, der etwas anbot, die hohle Hand wegzuziehen."[74]

„Friedrich brandmarkte die Geldgier der Päpste und warf ihnen vor, sich eben selbst des Wuchers schuldig zu machen, den sie öffentlich verurteilten. Doch Friedrichs Anschuldigungen gingen weiter; er warf der Kirche vor, sie sei von den Grundsätzen ihres Begründers abgewichen. Nicht auf Reichtum, sondern auf Armut sei die christliche Kirche gegründet worden, gerade dies aber sei von den Päpsten vergessen worden ... Denkbar ist, dass eine durch Armut geadelte Kirche mit einem Bischof von Rom, der sich auf die Wahrnehmung geistlicher Aufgaben beschränkte, seine Sympathien gefunden hätte."[75]

Genauso energisch wie der Kaiser gegen die Krebsgeschwüre an der Spitze des Klerus ankämpfte, stellte er sich gegen alle Formen des Aberglaubens, der an der Basis und an den Rändern der Heiligen Mutter Kirche die seltsamsten Blüten hervorbrachte. Er verfolgte rigoros die im 13. Jahrhundert überall entstehenden häretischen Sekten und hielt zugleich seine schützende Hand über

---

[74] Rotter, Ekkehart, Friedrich II., S. 142 f
[75] Abulafia, S. 175 und S. 195

jene, die zum Opfer religiöser Wahnideen wurden, insbesondere die Juden.

Das Liber augustalis, wie die Konstitutionen von Melfi aus dem Jahr 1231 gemeinhin genannt wurden, bestimmte ausdrücklich: „Wir wünschen nicht, dass sie unschuldig verfolgt werden, nur weil sie Juden oder Sarazenen sind."[76] Und bereits ein Jahrzehnt zuvor legten die Assisen von Messina fest, dass sich die Wirkung des kaiserlichen Schutzes „nicht nur auf die uns untertänigen Christen" erstreckte, „sondern auch auf die Angehörigen anderer Glaubensgemeinschaften." Nach den Maßstäben des 21. Jahrhunderts mögen uns zwar manche der Bestimmungen noch immer diskriminierend vorkommen, so die Vorschrift der Assisen, nach der Juden einen blauen Umhang tragen mussten. Doch war dies ein relativ kleines Übel im Gegensatz zu ihrer zehntausendfachen Ermordung durch den christlichen Mob oder die Empfehlung Königs Ludwigs IX. von Frankreich, ihnen das Schwert in den Leib zu stoßen „so tief es hineingehe."[77]

In Deutschland hatte der Pöbel während des ersten Kreuzzuges ganze jüdische Gemeinden ausgerottet, wobei er von Peter venerabilis[78] (Abt des weltberühmten Klosters Cluny), Peter von Amiens, Rudolf von Clairvaux und anderen Hasspredigern aufgehetzt wurde. Auch unter der Regentschaft Friedrichs kam es zu vereinzelten Pogromen, die ihn schließlich zu einer direkten Intervention zugunsten der Glaubensgemeinschaft veranlassten. 1235 starben bei einem Feuer in einer Mühle bei Fulda mehrere Kinder. Der Brand wurde vermutlich von einer

---

[76] Abulafia, S. 218

[77] Ranke-Heinemann, S. 186

[78] Peter der Ehrwürdige – nomen est omen?

Bande sogenannter Kreuzfahrer gelegt, die sich in der Gegend herumtrieb. Doch dann verbreitete sich in Windeseile das perverse Gerücht, die Kinder seien von Juden geschlachtet worden, um an ihr Blut zu gelangen und daraus Matzen zu backen. In Fulda wurden daraufhin mehr als dreißig Juden gefoltert und ermordet und auch in anderen Städten kam es zu Gewaltverbrechen gegen diese Bevölkerungsgruppe.

Die leiblichen Überreste der Brandopfer brachte man zum Kaiser, der sich gerade in seiner Pfalz in Hagenau aufhielt. Er ordnete zunächst die Bestattung der Leichen an, „da sie zu etwas anderem doch nicht taugen" und setzte dann eine Kommission zur Untersuchung der Vorwürfe ein. Diese erwies sich als ebenso uneinig wie unfähig und so ließ Friedrich aus ganz Europa konvertierte Juden an seinen Hof holen. Hierzu seine eigenen Worte: „Obwohl nun unsere Weisheit durch die vielen Bücher ... die Unschuld genannter Juden vernünftigerweise für erwiesen hielt, so haben wir doch zur Genugtuung nicht weniger des ungebildeten Volks als des Rechts aus unserem voraussichtigen heilsamen Entschluss und im Einverständnis mit den Fürsten Großen Edlen, den Äbten und Kirchenmännern über diesen Fall an alle Könige der abendländischen Zonen Sonderboten entsandt, durch die wir aus ihren Königreichen im Judengesetz erfahrene Neugetaufte in möglichst großer Zahl vor uns beschieden haben."[79]

Das von den Konvertiten erstellte Gutachten entlastete die Juden vollkommen und belegte, dass nach jüdischem Glauben sogar die Verwendung von Tierblut strengstens verboten ist. Der Kaiser verkündete daraufhin ein Privileg

---

[79] Kantorowicz, S. 318

zugunsten der Juden, das diese von allen Vorwürfen frei-sprach und ähnliche Verleumdungen in Zukunft unter Strafe stellte. Er dehnte die Rechte, die sein Großvater Barbarossa seinerzeit der jüdischen Gemeinde von Worms zugesprochen hatte, auf alle Juden des Reiches aus und stellte sich damit in Widerspruch zu den Be-schlüssen des vierten Laterankonzils, nach denen es Ju-den zum Beispiel verboten war, christliche Arbeiter zu beschäftigen. Im Königreich Sizilien vergab er sogar das Monopol zum Vertrieb von Rohseide an ein Konsortium von Juden aus Trani. Dass er selbst keinerlei persönliche Berührungsängste hatte, zeigen die jüdischen Gelehrten, die sich am kaiserlichen Hof aufhielten, wie z. B. Jehuda ben Solomon Cohen und Jakob ben Anatoli.

Nicht nur zu Moslems und Juden pflegte Friedrich gute Beziehungen, sondern auch zur orthodoxen Ostkirche, die dem Papst die Anerkennung als Oberhaupt der Chris-tenheit verweigerte und daraufhin 1054 von ihm gebannt worden war. „Am Ende des ersten Kreuzzugs betrachte-ten römische und griechische Christen einander als Fein-de des Glaubens und hassten einander fast mehr als die Moslems."[80] Der Staufer kümmerte sich nicht darum und verheiratete Anfang der vierziger Jahre seine Tochter Konstanze mit dem byzantinischen Kaiser Johannes III. Vatatzes, der 1245 auch am Hoftag von Verona teilnahm. An ihn richtete der Kaiser seinen berühmten Satz: „O glückliches Asien, o glückliche Herrscher des Orients, die weder den Dolch des Rebellen noch den von Priestern erfundenen Aberglauben fürchten!"[81]

---

[80] Konstam, S. 38
[81] Masson, S. 335

Trotz der zentralen Rolle der Kirche im mittelalterlichen Staat gab es unter der Herrschaft Friedrichs erstmalig Ansätze zu dessen Säkularisierung, mit der Person des Kaisers als Integrations- und Identifikationsfigur. So ließ er neben den religiösen Feiertagen mit großem Pomp im ganzen Land seinen eigenen Geburtstag feiern, „ein erstes, dem ganzen sizilischen Volk: Sarazenen und Griechen, Juden und Christen gemeinsames Fest."[82] Auch seine berühmten Gold-Augustalen, die zu Recht als schönste Münzen des Mittelalters gelten, zeigen keinerlei religiöse Symbole, sondern nur das Bild des Monarchen, die Umschrift IMP ROM · CESAR AUG und – auf dem Revers – den Namenszug FRIDERICUS neben dem kaiserlichen Adler.

Augustalis mit dem Portrait des Kaisers

---

[82] Kantorowicz, S. 175

Die besondere Rolle der Zisterzienser

Der Sacer Ordo Cisterciensis war mit Sicherheit die geistliche Strömung innerhalb der katholischen Kirche, der Friedrich am nächsten stand. Zwar unterhielt er auch gute Beziehungen zum Deutschen Orden, doch schätzte er diesen vor allem wegen seiner militärischen Stärke, seiner Zuverlässigkeit und des diplomatischen Geschicks seines Hochmeisters Hermann von Salza, mit dem ihn auch eine persönliche Freundschaft verband.

In der Kutte der Zisterzienser beendete Friedrich nicht nur – wie eingangs erwähnt – sein Leben, sondern er hatte sie auch zuvor schon bei verschiedenen Gelegenheiten getragen. So anlässlich der Umbettung der Gebeine der Heiligen Elisabeth im hessischen Marburg, an der er am 1. Mai 1236 barfuß teilnahm. Der Kaiser setzte dabei dem präparierten Schädel der Heiligen als Zeichen seiner Verehrung eine goldene, mit Edelsteinen verzierte Krone auf.

Seine Aufnahme in die Gebetsgemeinschaft des Ordens beantragte er in einem Schreiben vom 21.08.1215, also knapp einen Monat nach seiner Krönung in Aachen zum deutschen König und nach der Ablegung seines Kreuzzugsgelübdes. „Da wir, wenn wir auch ein Sünder sind, durch die unsägliche Barmherzigkeit Gottes das Steuerruder des römischen Reiches übergeben bekamen, so möge er selbst uns durch Eure fromme Vermittlung den Geist der Gerechtigkeit und Wahrheit verleihen, damit sich zum Ruhme und Lobe seines Namens seine heilige Kirche an des Friedens erwünschter Ruhe erfreue und wir nach Ablauf dieses zeitlichen Reiches zusammen mit

Euch zu der Herrschaft gelangen, die ohne Ende sein wird."[83]

Eng verbunden war der Kaiser dem Kloster Casamari in der Region Südlatium, rund einhundert Kilometer östlich von Rom. In den Bildnissen zweier Männer an den Kapitellen des dortigen Kreuzgangs vermutet man Friedrich und seinen Vater Heinrich VI. Überliefert ist, dass er selbst einige Zeit in Casamari verbrachte, wahrscheinlich als Tertiarier, nach der sogenannten dritten Regel, die weniger streng war als die der Fratres und Konversen (Voll- und Laienmönche).[84]

---

[83] Horst, S. 9; Rotter, Ekkehart: Friedrich II, S. 50 f
[84] nach Masson, S. 93

Zisterzienser und Muslime – Parallelen und Gegensätze

Beim Islam und beim Christentum handelt es sich um zwei verschiedene Religionen, die nach dem damaligen katholischen Verständnis nicht miteinander kompatibel waren – auch wenn Mohammed sich selbst nicht als Religionsstifter gesehen hatte, sondern als Reformator und Vollender des christlich-jüdischen Glaubens. Abseits der theologischen Grundsatzfragen gab es dennoch erstaunliche Parallelen zwischen der muslimischen Welt und dem Orden der Zisterzienser.

Hier wäre zunächst die Entwicklung der Landwirtschaft zu nennen, die durch die Ausbreitung des Islam revolutionäre Impulse erhielt. Die Araber brachten zahlreiche einjährige Kulturpflanzen wie Reis, Zuckerrohr, Baumwolle und Buchweizen (frz. sarrasin) mit, dazu eine ganze Reihe von Baumarten wie Aprikose, Pomeranze, Pampelmuse und Zitrone. Feigen, Oliven, Dattelpalmen und Maulbeerbäume wurden in Sizilien zwar schon zuvor angebaut, erhielten aber ihre herausragende Bedeutung erst unter der Herrschaft der Sarazenen. Ausgefeilte Bewässerungssysteme ermöglichten die Nutzung arider Gegenden, eine Intensivierung der Bewirtschaftung und die Steigerung der Erträge.

Die Zisterzienser leisteten im Bereich des Landbaus ebenfalls Pionierarbeit. Ihre Ordensregeln verlangten die Ansiedlung der Klöster in der „Waldeinsamkeit" unbewohnter und unkultivierter Regionen, wodurch zahlreiche Landstriche erst urbar gemacht werden konnten. Die von ihnen bewirtschafteten Gutskomplexe (Grangien) formten sie zu Musterbetrieben, in denen sie moderne Methoden des Ackerbaus und der Viehzucht, des Weinbaus und der Teichwirtschaft entwickelten und erprobten. In Oberitalien schufen sie z. B. Bewässerungssysteme, die die beinahe ganzjährige Versorgung des Viehs mit Grünfutter ermöglichten und die teilweise noch heute in Betrieb sind.[85]

Ergänzt wurde die landwirtschaftliche Bodennutzung durch städtische Wirtschaftshöfe und durch frühindustrielle Betriebe wie Mühlen und Eisenschmieden – deren Technik oftmals auf die Araber zurückging.

Die Vorschriften der Ordensregeln, nach denen die Zisterzienser nicht von Zinsen und Renten, sondern von der eigenen Arbeit, der Bewirtschaftung und Urbarmachung des Bodens leben sollen, finden ihre Entsprechung in Koran und Sunna. Sure 2 Vers 275 verbietet die Erhebung von Zinsen: „Aber Gott hat das Verkaufen erlaubt und das Zinsnehmen verboten." Und ein Hadith, ein Ausspruch des Propheten Mohammed, besagt, dass „derjenige, der das Land kultiviert, das niemanden gehört, ein Vorrecht darauf hat."[86]

„Mit Vorliebe und in ausgedehntestem Maße hat er (Friedrich) cisterziensische Laienbrüder, die sich auf Landwirtschaft und Viehzucht verstanden, herangezogen und zur Einrichtung und Bewirtschaftung seiner kaiserlichen Domänen in Apulien und der Capitanata verwendet."[87] So lassen sich denn auch in der Organisation der friderizianischen Krongüter, der sogenannten Massarien, gewisse Parallelen zum Grangien-System der Zisterzienser erkennen. Statt von Leibeigenen und Pachtbauern wurden sie von bezahlten Angestellten bewirtschaftet, die

---

[85] Masson, S. 175

[86] Denffer, S. 192

[87] Kantorowicz, S. 71

von einem Massarius geleitet wurden. Dieser saß an zentraler Stelle in einem Dorf oder einer Kleinstadt, wo zugleich infrastrukturelle Einrichtungen wie Speicher oder Mühlen gebündelt waren. Die Massarien arbeiteten einerseits selbständig, wobei großer Wert auf Marktorientierung und eine breite Produktpalette gelegt wurde, und waren andererseits eingebunden in ein regionales Verbundsystem, das jeweils einem Massarienprovisor unterstand. Dadurch wurde sowohl ein flexibler Einsatz von Menschen und Material ermöglicht als auch eine effiziente Kontrolle und Transparenz.

Die Zisterzienser sammelten, übersetzten und vervielfältigten zahllose Bücher, sowohl aus dem christlichen Kulturkreis als auch aus der islamischen Welt und aus der Antike. Damit negierten sie die bis dahin geübte abendländische Praxis, alles vermeintlich Heidnische zu vernichten (z. B. mit der von Kaiser Justinian im Jahre 562 angeordneten Bücherverbrennung) und folgten der Tradition arabischer Herrscher, deren Büchersammlungen uns bis heute in Erstaunen versetzen. So umfasste die 815 n. Chr. vom Kalifen al-Ma'mun in Baghdad gegründete Bibliothek eine Million Bände.

Die Mönche setzten sich damit auch über die bemerkenswerten Worte des Thomas von Aquin hinweg, der gesagt hat: „Die geringste Kenntnis, die man über höhere Dinge (*sprich die Lehren der Kirche*) erreichen kann, ist wünschenswerter als ein sehr großes Wissen über die niedrigen Dinge." Viel eher passten zu den Zisterziensern zwei Zitate des Propheten Mohammed: „Wer sein Haus verlässt, um das Wissen zu suchen, der wandelt auf dem Wege Gottes ... Die Tinte des Gelehrten ist heiliger als das Blut des Märtyrers."[88] und „Suchet das Wissen, und sei es in China."[89]

Selbst die frühe Architektur des Ordens bot mit ihrem weitgehenden Verzicht auf figürliche Darstellungen eine gewisse Parallele zur islamischen Kunst, in der die Abbildung des Menschen verpönt war. Umgekehrt entwickelte sich hier wie dort eine reiche Ornamentik.

Der Kaiser griff bei seinen sämtlichen Bauvorhaben auf das Wissen und die Erfahrung der Mönche zurück. „Der Papst beklagte sich gar darüber, dass Friedrich die Zisterzienser in übergroßem Maße zu seinen Bauten heranziehe. Deutlicher noch sprechen die Schlösser und Kastelle selbst, die Friedrich in Apulien aufführen ließ: ihnen allen ist – soweit sich das heute erkennen lässt – die neue gotische Bauweise der Zisterzienser gemein, durch die Friedrich II. den einheimischen normannisch-byzantinischen Baustil immer mehr zurückdrängte."[90] „Es besteht kein Zweifel, dass die Ausgestaltung Castel del Montes im Inneren und auch in bestimmten Einzelheiten, etwa der Portalgestaltung, die Handschrift der zisterziensischen Bauhütten zeigt."[91] Typisch für die damals revolutionäre Architektur der Zisterzienser war u. a. die Verwendung von Kreuzrippen, die völlig neue Möglichkeiten des Gewölbebaus und der Raumgestaltung boten. Mitunter hatten sie sogar überhaupt keine tragende Funktion, sondern dienten rein dekorativen Zwecken (z. B. im Castel del Monte).

---

[88] Garaudy, S. 108
[89] Simon, S. 83
[90] Kantorowicz, S. 71
[91] Götze, S. 100

Die Sympathie des Kaisers galt sicher auch dem monarchischen Aufbau des Ordens, der nach Kantorowicz „durchaus der adlige Mönchsorden des staufischen Kaisertums und der aristokratischen Kirche des Mittelalters" war, „im Gegensatz zu den damals gerade aufkommenden plebejischen Bettelmönchen."[92] Letztere bewegten sich gefährlich nahe an den obskuren Sekten, die von Friedrich – ganz im Gegensatz zu seiner sonstigen Toleranz – mit aller Härte verfolgt wurden. Hierfür fand Ernst Kantorowicz übrigens den wunderbaren, wenn auch später durch die Politik der Nazis diskreditierten Satz: „Es ist nur eine merkwürdige Vorstellung, dass die Duldung von Andersgearteten auch eine Duldung von Entarteten nach sich ziehen müsse"[93]

Eklatante Unterschiede zwischen Zisterziensern und Muslimen zeigten sich in der Hygiene. Reinlichkeit gilt im Islam als religiöse Pflicht, denn der Koran ruft die Gläubigen dazu auf, die fünf vorgeschriebenen Gebete am Tag stets sauber gewaschen zu verrichten. Wie ernst diese Pflicht im Mittelalter genommen wurde, beweist schon die Zahl von über fünftausend öffentlichen Badehäusern, über die die Stadt Baghdad im dreizehnten Jahrhundert verfügte. Bernhard von Clairvaux, der einflussreichste geistige Führer der Zisterzienser, sah hingegen bei der Anlage von Klöstern keine derartigen Einrichtungen vor. Auch sonst finden sich keinerlei Hinweise auf ihr Vorhandensein. Da aber sämtliche Baulichkeiten ebenso wie der Tagesablauf der Mönche akribisch beschrieben wurden, darf man davon ausgehen, dass die Ordensbrüder damals im gleichen unbeschreiblichen Schmutz lebten, wie der Rest des christlichen Abendlandes.

---

[92] Kantorowicz, S. 70
[93] Kantorowicz, S. 208

Friedrich scheint in diesem Punkt eher den Muslimen als den Zisterziensern gefolgt zu sein, denn die sanitären Anlagen in den von ihm erbauten Schlössern und Burgen rufen noch heute Bewunderung hervor. Castel del Monte und andere Residenzen waren mit Badezimmern, fließendem Wasser und sogar mit Wasserklosetts ausgestattet. Der Herrscher selbst badete täglich, sogar am Sonntag, was ihn wiederum der Ketzerei verdächtig machte. Darüber hinaus kümmerte er sich auch um die Reinlichkeit seiner Untertanen. So ist belegt, dass die Schreiber der kaiserlichen Kassen in Melfi und Venosa von Amts wegen Unterwäsche zum Wechseln erhielten, ebenso wie Bedienstete seines Hofes in Lucera: „Wir befehlen deiner Treue, auf Anforderung des Kadis von Lucera und des Ibn Bushiki von Lucera, unserer Diener, für unsere weiblichen Bediensteten, die in Lucera sind, und zwar natürlich für jede einzelne, ein Gewand aus Wieselfell, zwei Westen und zwei leinene Unterkleider von den Einkünften unseres Hofes, die in deiner Hand sind, herstellen zu lassen."[94]

Unvereinbar waren auch die islamischen und zisterziensischen Anschauungen hinsichtlich des Stellenwertes der Frau und der Sexualität. Die katholischen Theologen vermuteten in ihnen die Ursache allen Übels in der Welt und verdammten sie daher in Bausch und Bogen, wobei die Zisterzienser keine Ausnahme machten. So sind z. B. die heftigen Angriffe überliefert, die Bernhard von Clairvaux gegen Petrus Abaelardus und dessen vergleichsweise liberalen Anschauungen richtete. Bei den Muslimen herrschte dagegen ein unverkrampftes Verhältnis zur Sexualität und die Frauen genossen damals mehr Rechte, als ihnen manche islamistischen Eiferer heute zugestehen

---

[94] Heinisch, S. 333

möchten. Im Kalifat von Cordoba wirkten hervorragende Wissenschaftlerinnen wie die Historikerin Mossâda und die Philosophin Morghia, außerdem Dichterinnen wie Nazhun al-Kal'aya, Sainab bent Siyâd oder Hafsa bent al-Hâdsch. Nur wenige Jahre zuvor wurde der fatimidische Jemen ein Jahrhundert lang von Frauen regiert, nämlich von Asma Bint Schihab as-Sulaihija (1035-1087) und Arwa Bint Ahmad as-Sulaihija (1087-1138). Und gegen wen erlitt im Jahr 1250 ausgerechnet der Heilige Ludwig in der Schlacht von Mansurah eine vernichtende Niederlage? Gegen die ägyptische Sultanin Schadscharat ad-Durr!

Auch aus dem Königreich Sizilien ist in diesem Zusammenhang etwas für das mittelalterliche Europa Außergewöhnliches zu berichten: An der Universität Salerno, die maßgeblich durch arabische Gelehrte wie Constantinus Africanus oder Johannes Afflacius (genannt Saracenus) geprägt war, studierten und unterrichteten Frauen! Die berühmteste unter ihnen war übrigens Trotula, die rund einhundert Jahre vor Friedrich lebte und deren Hauptwerk „Passionibus Mulierum Curandorum" bis in das 16. Jahrhundert hinein als Standardwerk der Gynäkologie galt.

Privat scheint der römische Kaiser in seinen Beziehungen zum schönen Geschlecht ebenfalls weniger den Sexualneurotikern im Vatikan zugeneigt gewesen zu sein, als dem Ausspruch des Propheten Mohammed: „Mir wurden lieb gemacht von eurer Welt die Frauen und der Duft."[95] Die von der Kurie in die Welt gesetzten Gerüchte über seinen sarazenischen Harem sind sicherlich maßlos übertrieben. Doch immerhin war er nicht nur viermal verheiratet — einschließlich der erst bei deren Tod legalisierten

---

[95] Schimmel, S. 23

Verbindung zu seiner langjährigen Geliebten Bianca Lancia – sondern zeugte in zahlreichen außerehelichen Affären nochmals ein Dutzend Kinder.

Logo zur Kennzeichnung französischer Kunstschätze (monuments historiques) nach dem Labyrinth in der Kathedrale von Reims

Exkurs: Das Achteck

Das Quadrat symbolisiert in vielen Kulturen seit alters her das irdische Dasein mit seinen vier Himmelsrichtungen und den vier Elementen Feuer, Wasser, Erde und Luft. Dagegen war der Kreis wegen seines optimalen Verhältnisses von Umfang und Fläche, seiner – bei Übertragung ins Räumliche – maximalen Druckfestigkeit und vor allem wegen seiner perfekten Symmetrie mit beliebig vielen Achsen stets das Sinnbild der göttlichen Vollkommenheit und der Unendlichkeit des Universums. Das Achteck findet sich als Mittler zwischen diesen beiden geometrischen Formen und galt damit als Symbol des Kaisers, der nach damaligem Verständnis zwar unter Gott stand, aber über den Menschen.

So gesehen ist es keine Überraschung, dass das Oktogon gelegentlich Verwendung fand, wenn es darum ging, geistliche und weltliche Macht darzustellen. Die Kaiserkrone des Heiligen Römischen Reiches war ebenso achteckig wie die Pfalzkapelle in Aachen, die Krönungskirche der deutschen Könige. Auch sonst gibt es in der abendländischen Architektur noch eine Reihe von Beispielen für Achteckbauten, so die Grabeskirche in Jerusalem, das Baptisterium San Giovanni in Florenz oder die Abteikirche im elsässischen Ottmarsheim. Aus der Zeit der Staufer wären hier u. a. der Turm der Kirche St. Wigberti im Benediktinerkloster Göllingen oder die Kirche San Lorenzo in Melfi zu nennen. Und in den gotischen Kathedralen von Reims – über Jahrhunderte Krönungskirche der Könige von Frankreich – und von Amiens verzierte man die Steinböden mit begehbaren achteckigen Labyrinthen.

Der geographische Schwerpunkt des Oktogons lag und liegt jedoch eindeutig im islamischen Kulturraum, wo sich seine Verwendung wie ein roter Faden durch die Kunstgeschichte hindurchzieht, von der Hedschra[96] bis heute, von Spanien bis Indien, von der Wandfliese bis zum prunkvollen Mausoleum.

Nach dem Koran werden beim jüngsten Gericht acht Engel Gottes Thron halten: „Und wenn in die Trompete nur einmal geblasen wird und Erde und Berge gehoben und auf einen Schlag zu Staub gemacht werden, an jenem Tag trifft (die Stunde) ein, die eintreffen wird, und der Himmel spaltet sich, so dass er an jenem Tag brüchig wird, und die Engel stehen an seinem Rand. Über ihnen tragen an jenem Tag acht den Thron deines Herrn."[97]

In der persisch-islamischen Dichtung gibt es sieben Höllen, aber acht Paradiese – hascht bihischt. Im Koran selbst ist nur von sieben Himmeln die Rede: „Allah ist es, der sieben Himmel erschaffen hat."[98] Oder „Habt ihr nicht gesehen, wie Allah sieben Himmel in Schichten erschaffen hat"?[99] Doch über diesen sieben Schichten steht Gott selbst, „der Herr der sieben Himmel und der Herr des majestätischen Thrones"[100]. „Sein Thron umfasst die Himmel und die Erde"[101] und somit kann man die Acht auch als erste göttliche Zahl interpretieren, als Symbol jener Schicht, die jenseits der sieben Himmel und jenseits des menschlichen Vorstellungsvermögens liegt.

Weiterhin findet man im Koran das Achteck an vielen Stellen als kalligraphisches Zeichen. Das „Rub al-hizb"

---

[96] Jahr Null der islamischen Zeitrechnung
[97] Sure 69:13 ff
[98] Sure 65:12
[99] Sure 71:15
[100] Sure 23:86
[101] Sure 2:255

besteht aus zwei um 45° gedrehten Quadraten (⊗) und markiert jeweils das Ende eines jener Abschnitte, in die das heilige Buch zusätzlich zu den allseits bekannten Suren unterteilt ist. Aus dem Koran fand es dann seinen Weg zu verschiedenen Symbolen und Emblemen, wie der früheren marokkanischen Flagge (bis 1659), dem Staatswappen von Turkmenistan oder dem Logo der Kairoer Metro.

**Arabische Kalligraphie mit den Namen
Mohammeds und seiner Gefährten**

Die Araber kannten schon lange die verblüffenden mathematischen Eigenschaften der Acht und sprachen ihr auch von daher eine besondere Bedeutung zu. Sie waren es schließlich, die die Mathematik revolutioniert hatten, vor allem durch die Einführung des Dezimalsystems durch al-Chuwarezmî, dessen Name bis heute im „Logarithmus" fortlebt. „Aus islamischer Sicht ist die Mathematik ein Übergang zwischen dem sinnlich Erfahrbaren und dem Unaussprechlichen, zwischen der Welt des Werdens und der des Ewigen. In der Wissenschaft und in den Künsten, von der Architektur bis hin zur Musik, wo die Geometrie und die mathematischen Beziehungen herrschen, ist sie der Weg der Einheit"[102]

Welches sind nun – abgesehen davon, dass sie die kleinste Kubikzahl ist – die Besonderheiten der Acht?

Erstens ist jede ungerade Zahl über Eins, ins Quadrat erhoben und um Eins vermindert, durch sie teilbar. Beispiele:

$3^2 - 1 = 9 - 1 = 8$

$17^2 - 1 = 289 - 1 = 288 = 36 \times 8$

$927^2 - 1 = 859329 - 1 = 859328 = 107416 \times 8$

Zweitens unterscheiden sich die Quadrate aller ungeraden Zahlen über Eins jeweils um ein Vielfaches von Acht. Beispiele:

$17^2 - 3^2 = 289 - 9 = 280 = 35 \times 8$

$927^2 - 17^2 = 859329 - 289 = 859040 = 107380 \times 8$

Somit ist es nicht verwunderlich, dass diese erstaunliche Zahl und die aus ihr gebildeten geometrischen Formen in der islamischen Kunst und Architektur eine ungeheure Bedeutung erlangten. Herausragende Beispiele für okto-

---

[102] Garaudy, S. 114

gonale Architektur sind das weltberühmte Taj Mahal im indischen Agra oder die Qubbat as-Sulaibîya in Sâmarrâ (Irak). Beides sind Grabstätten und so drängt sich die Vermutung auf, dass bei ihnen und vielen anderen der Gedanke an das jüngste Gericht mit seinen acht Engeln eine Rolle gespielt hat.

Auch im Nahen Osten und im Maghreb war das Oktogon besonders beliebt für den Bau von Mausoleen aller Größen und Stilrichtungen. Vor den Mauern der marokkanischen Hauptstadt Rabat liegt eine ganze Nekropole, die Shellah, deren prunkvolles Eingangstor sich zwischen zwei achteckigen Türmen befindet.

Im Panjab steht eine Reihe von Mausoleen, bei denen ein achteckiger Grundriss durch außen an die Ecken angesetzte Türme ergänzt wird. Das bekannteste unter ihnen ist das Grabmal des Shah Rukn-i-'Alam in Multan, dessen erfolgreiche Restaurierung 1983 mit dem Aga Khan A-ward for Architecture ausgezeichnet wurde. Dieser gilt als einer der bedeutendsten Preise seiner Art und soll Werke auszeichnen, die den „Anforderungen der moslemischen Gesellschaft" entsprechen. Er ist mit fünfhunderttausend Dollar dotiert und wird seit 1977 alle drei Jahre vom Aga Khan Trust for Culture vergeben, einer Stiftung des vierten Aga Khans, der heute als neunundvierzigster Imam das geistliche Oberhaupt der Ismailiten ist.

An zeitgenössischen achteckigen Bauten sind die König-Abdallah-Moschee in der jordanischen Hauptstadt Amman und die Petronas-Türme in Kuala Lumpur zu erwähnen. Letztere, mit ihren Minaretten nachempfundenen Spitzen, waren zwischen 1998 und 2004 die höchsten Gebäude der Welt und gehörten 2004 zu den Preisträgern des Aga-Khan-Architektur-Preises.

Im Hinblick auf die Verbindungen Friedrichs II. zum Islam scheint es allerdings zweckmäßig, das Hauptaugenmerk auf jene Bauwerke zu richten, die schon zu seiner Zeit und im geographischen Umfeld seines Herrschaftsraumes existierten.

Hierzu gehört in erster Linie der Felsendom (Qubbet el-Sakhra, fälschlicherweise auch als Omar-Moschee bezeichnet) in Jerusalem, der zwischen 688 und 691 n. Chr. unter dem Kalifen 'Abd al-Malik Ibn Marwân begonnen wurde und – nach Mekka und Medina – als drittheiligster Ort des Islam gilt. Er umschließt den Felsen el-Sakhra, auf dem Abraham nach biblischer Darstellung seinen Sohn Isaak opfern wollte und von dem aus später Mohammed zu seiner berühmten Nachtreise in den Himmel aufstieg. Seine Außenmauern bilden ein regelmäßiges Achteck, das durch einen schmalen Umgang von einer ebenfalls achteckigen Pfeiler- und Säulenstellung im Inneren getrennt ist. Der Heilige Felsen in der Mitte ist dagegen kreisrund von Pfeilern und Säulen umgeben, die die dreiunddreißig Meter hohe Kuppel tragen.

Friedrich kannte den Felsendom aus eigener Anschauung, denn er befand sich schließlich in der Hauptstadt seines Königreiches Jerusalem. Bei seinem Aufenthalt in Palästina „nahm ihn, wie so oft die Baukunst gefangen: die regelmäßig achteckige Omarmoschee in Jerusalem etwa mit ihrer grüngoldenen Kuppel und der kunstvollen Kanzel, die er bewundernd ganz bestieg."[103]

Es gilt als sicher, dass er sich die Konstruktion der Kuppel hat erklären lassen und es ist anzunehmen, dass dieses auch für das geniale Prinzip des Grundrisses gilt, das von K.A.C. Creswell und Michel Ecochard erkannt wurde.

---

[103] Kantorowicz, S. 151

„Sie stellten fest, dass sich die Anordnung der konzentrischen Arkaden von einem äußeren Kreis … herleitet …, in den zwei gegeneinander um 45° versetzte Quadrate eingeschrieben sind. Die Schnittpunkte dieser beiden Vierecke bestimmen einen inneren Kreis, den die achteckige Bogenreihe markiert. Verbindet man die acht Schnittpunkte der gegeneinander versetzten Quadrate horizontal und vertikal miteinander, so erhält man neue Schnittpunkte, die dem Kreis der inneren Arkade entsprechen."[104]

Das so entstandene Raster lässt sich gewissermaßen auch von innen heraus entwickeln. „In den inneren Kreis fügte man zwei Quadrate ein, wobei das zweite um 45° aus dem ersten herausgedreht wurde. Verlängerte man die Seiten dieser Quadrate jeweils nach beiden Seiten, dann trafen sie sich in acht Punkten – den Stützpfeilern des die beiden Rundgänge trennenden Oktogons. Verlängerte man die Seiten dieses Oktogons, dann trafen sie sich wieder in acht Punkten und ergaben so zwei größere Quadrate, deren Kanten parallel zu den inneren Quadraten lagen. Schlug man nun einen äußeren Kreis um die beiden größeren Quadrate und verschob die Seiten des inneren Oktogons parallel bis zum Schnitt mit diesem Umkreis, dann erhielt man ein größeres Oktogon – die Außenwände des Felsendoms."[105]

[104] Stierlin, S. 35 f

[105] Jerry M. Landay: Der Felsendom. Nach: Gärtner, S. 236

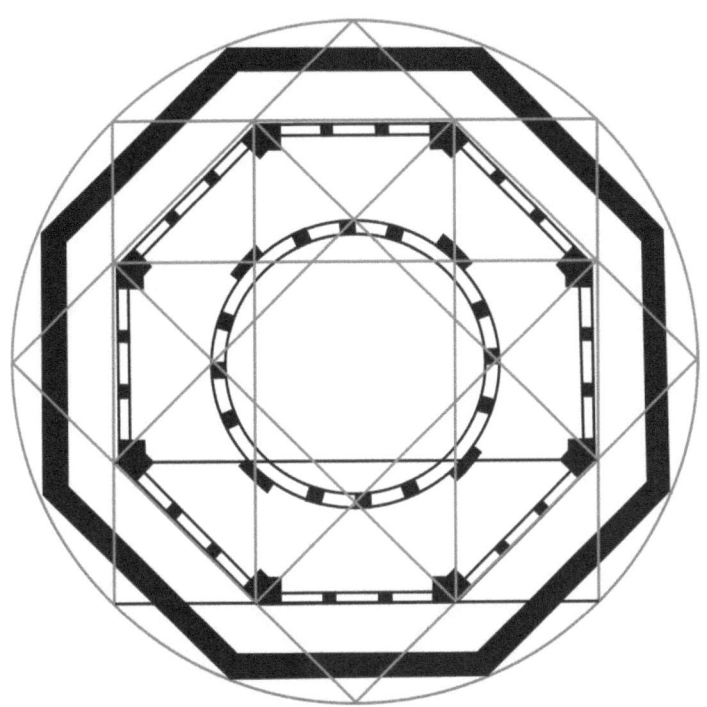

Grundriss des Felsendoms mit eingezeichnetem Konstruktionsschema

Für den Bau von Moscheen ist ein achteckiger Grundriss – im Gegensatz zu Mausoleen – nur bedingt geeignet. Denn sie müssen eine große Menge Menschen aufnehmen können, deren Gebetsrichtung vorgegeben ist. Die Gläubigen sollen sich in ihnen nach Mekka verneigen und nicht zur Mitte des Gebäudes hin. Der Felsendom bildet insofern einen Sonderfall, weil sich in seinem Zentrum ausnahmsweise tatsächlich ein heiliger Ort befindet, den die Pilger bei ihrem Besuch umrunden.

Ansonsten dominiert in Bezug auf die äußere Gestalt bei Moscheen der rechteckige Hallenbau. Das bedeutet jedoch keineswegs einen Verzicht auf das Achteck. Dieses

87

findet sich vielmehr regelmäßig als Kuppel, Minarett oder Brunnen wieder, unter Umständen auch als völlig abstrakte Form.

Nur unwesentlich jünger als der Felsendom ist die unter Kalif al-Walîd Ibn 'Abd al-Malik gebaute Umayyaden-Moschee in Damaskus, deren Errichtung zehn Jahre dauerte und angeblich elf Millionen Dinar verschlang. Sie wird zum einen vom achteckigen Tambour der „Adlerkuppel" überragt, zum anderen befinden sich in ihrem Hof das reich verzierte, von Säulen getragene achteckige Schatzhaus und – mit dem Brunnen und der Stundenkuppel – noch zwei weitere oktogonale Elemente.

Im spanischen Andalusien steht die Moschee (Mezquita) von Cordoba, die 990 n. Chr. vollendet wurde und über Jahrhunderte das größte Gotteshaus der Welt war. Und welchen Grundriss hat ihr Allerheiligstes, der Mihrab[106]? Natürlich einen achteckigen! Unmittelbar vor ihm befindet sich die Maksura, der Bereich, der dem Kalifen vorbehalten war. Ihn überspannen eine prachtvolle Haupt- und zwei Nebenkuppeln, alle drei in Form von Achtecken.

In der Sidi-Okba-Moschee in Kairouan, dem bedeutendsten Heiligtum Nordafrikas, wird die rechteckige Gebetshalle von mehr als vierhundert Säulen getragen. Einige von ihnen sind farbig abgesetzt – und was passiert, wenn man diese miteinander verbindet? Man erhält ein regelmäßiges Achteck, das sich genau in der Mitte der Gebetshalle vor dem Mihrab ausdehnt.

---

[106] Nische in der sogenannten Kibla-Wand, welche die Richtung nach Mekka angibt

Achteckig sind auch die Türme der Skiffa al-Kahla, einer gewaltigen Torburg im tunesischen Mahdia. Zwar reicht die heutige Anlage nur ins Jahr 1554 zurück, doch es ist anzunehmen, dass damals die Grundrisse der ursprünglichen Befestigung beibehalten wurden. Und diese stammte von den Fatimiden, die hier 913 ihre erste Hauptstadt gründeten.

Ruine des Palastes in Lucera (1778)

Clé de voûte: Das Castel del Monte

Was hat nun das vorhergehende Kapitel mit Friedrich II. und seinen Beziehungen zum Islam zu tun? Er griff nachweislich bei drei Gebäuden auf das Stilelement des Oktogons zurück: Beim zentralen Bau seines Palastes in Lucera, beim Torre de Frederico bei Castrogiovanni (Enna) und beim Castel del Monte, der „Krone Apuliens".

Der Torre de Frederico, der heute im Südwesten der sizilianischen Stadt Enna in einem öffentlichen Park steht, war ursprünglich Teil einer größeren, ebenfalls achteckigen Anlage, von der noch Teile der Außenmauer erhalten sind. Er ist sechsundzwanzig Meter hoch, hat einen Durchmesser von siebzehn Metern und eine Mauerstärke von beachtlichen dreieinhalb Metern. Mit dem einen Kilometer entfernten Castello di Lombardia war er durch einen unterirdischen Gang verbunden. Friedrich selbst soll ihn für astronomische Forschungen benutzt haben.

Ein höchst merkwürdiges Gebäude war der Palast in Lucera, der ab 1233 errichtet wurde. Eingeschlossen in die gewaltige Festung oberhalb der Sarazenenstadt, wirkte er von außen wie ein riesiger Quader, der aus einem dreiundvierzig Meter langen, viereckigen Sockel herausragte. Neben der kaiserlichen Wohnung und Räumlichkeiten für den Hofstaat enthielt er auch einen großen Teil des Normannenschatzes. Außer der Tatsache, dass es offensichtlich keinen ebenerdigen Eingang zu der Anlage gab, ist vor allem ihr Innenhof bemerkenswert. Während er unten im Erdgeschoss einen ebenfalls rechteckigen Grundriss hatte, bildeten seine Umgrenzungsmauern im obersten, dritten Stockwerk ein gleichseitiges Achteck, so dass die Burg – aus der Luft betrachtet – eine unvermutete Parallele zum später entstandenen Castel del Monte aufwies. Im Inneren des Hofes befand sich vermutlich ein Brunnen oder eine Fontaine, ein weiterer Vorgriff auf die Gestaltung des berühmten Schlosses.

Castel del Monte

Das phantastische Bauwerk des Castel del Monte ließ Friedrich ab 1240 knapp zwanzig Kilometer südlich von Andria errichten und trieb bei ihm die Zelebration der Zahl Acht in einzigartiger Weise auf die Spitze. Der achteckige Bau aus hellem Kalkstein umschließt einen achteckigen Innenhof und wird an seinen äußeren Eckpunkten von acht – ebenfalls achteckigen – Türmen flankiert.

In der Mitte des Hofes stand schließlich ein achteckiges Wasserbecken aus weißem Marmor von etwa fünf Meter Durchmesser, das aus einem einzigen Block herausgearbeitet war.

Die Ähnlichkeit seiner Bauform und insbesondere seiner visuellen Wirkung auf den Betrachter mit dem Felsendom in Jerusalem ist verblüffend. Und genau nach dem im vorigen Kapitel beschriebenen Konstruktionsprinzip, das dem Felsendom zugrunde liegt, lässt sich auch der Grundriss des Castel del Monte herleiten. Dazu ist es jedoch erforderlich, die beiden Bauwerke sorgfältig miteinander zu vergleichen und sich nicht von vordergründigen Eindrücken irritieren zu lassen.

Italienische Ein-Cent-Münze mit dem Schloss

Für Verwirrung sorgt schon die Frage nach dem äußeren Abschluss des Kastells. Wird er von den Außenmauern gebildet, an deren Ecken die Türme angesetzt sind? Oder wird er erst von den Türmen und den gedachten Verbindungslinien zwischen diesen gebildet, so dass die Zwischenräume als trapezförmige Einschnitte zu begreifen sind? Die spontane Wahrnehmung spricht für die erste Antwort und in diesem Sinne äußert sich auch Georgina Masson: „Das Schloss besteht aus zwei konzentrischen Achtecken (das innere ist ein Hof), und an jeder Kante

92

der Außenmauer erhebt sich ein achteckiger Turm."[107]
Ähnlich der Baedeker: „Es besteht aus einem über einem
Achteck errichteten zweistöckigen Bau, an den sich an
allen acht Ecken 24 m hohe, ebenfalls achteckige Türme
anschließen."[108] Doch um die im Felsendom vorhandenen
drei Schalen aus innerer und äußerer Pfeiler- und Säulenstellung sowie Außenwand wiederzufinden, muss man die
Außenmauern der Türme zwangsläufig in die Betrach-
tung mit einbeziehen!

Bei oberflächlicher Denkweise könnte man auch geneigt
sein, den Innenhof des Schlosses als Ausgangspunkt der
Konstruktion zu definieren. Dieser entspricht jedoch
weder der runden Kuppel des Felsendoms noch dem
imaginären Achteck in deren Innerem, das – wie beschrieben – durch zwei um 45° gedrehte Quadrate gebildet wird. Hinzu kommt, dass die Grundfläche des
Schlosshofes schief ist, mit Seitenlängen, die um fast einen Meter voneinander abweichen. (Dies ist notwendig,
um die außergewöhnliche Wandstärke am Eingang des
Kastells auszugleichen und somit die sonstige Symmetrie
zu bewahren.)

Weiterhin stellt der Hof nicht den Gebäudekern dar,
sondern nur einen Hohlraum im Inneren dieses Kernes.
Die innerste Schale des Bauwerkes wird vielmehr von den
Hofmauern gebildet, die zugleich die Wände der Wohnräume sind.

Unter Beachtung der aufgezählten Voraussetzungen lässt
sich das Konstruktionsprinzip des Felsendoms auf das
Castel del Monte übertragen, so dass sich dann auch die
Grundrisse beider Bauwerke wie in der nachfolgenden

---

[107] Masson, S. 198
[108] Abend, S. 103

Abbildung ohne Schwierigkeiten übereinander projizieren lassen. Der Felsendom ist dabei schwarz dargestellt, das Schloss grau.

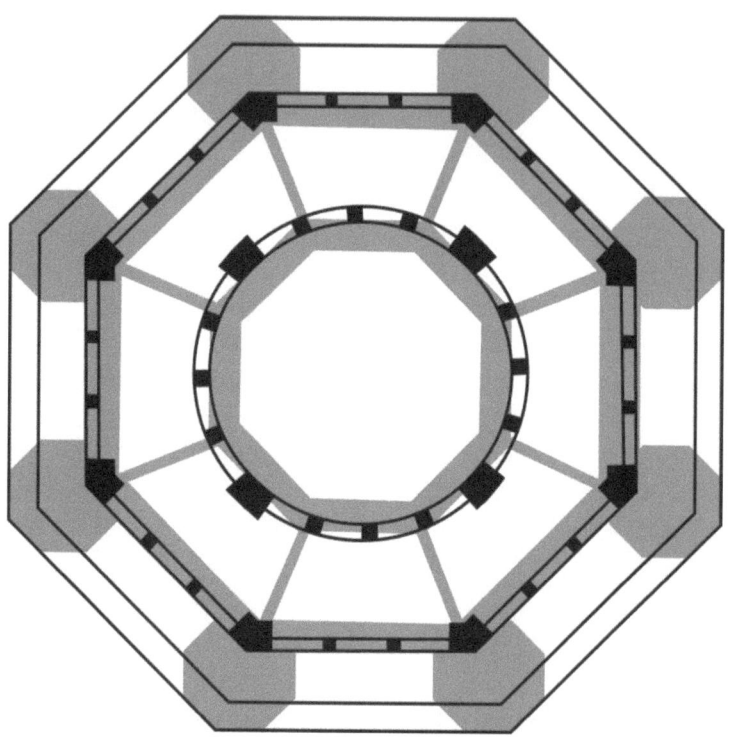

Castel del Monte und Felsendom

Die Außenmauern der Türme des Schlosses stimmen nun mit der Außenwand des Felsendoms überein und die nach außen gerichteten Mauern der Wohnräume mit dessen mittlerer Säulen- und Pfeilerstellung. Und die innere Säulen- und Pfeilerstellung, die in Jerusalem die Kuppel über dem heiligen Felsen el-Sakhra trägt, verläuft durch

die äußeren Ecken des den Innenhof des Schlosses um-
schließenden Mauerachtecks. Die Abweichungen liegen
dabei innerhalb der Toleranzen, „denn man wird bei einem mittelalterlichen Quaderbau nicht die ‚Maßgerech-
tigkeit' griechischer Bauwerke der klassischen Zeit erwar-
ten dürfen ... M. S. Bulatov hat in seinen Analysen Toleranzen in der Größenordnung von 2 %, in anderen Fällen
von 5 bis 8 % festgestellt. A. Kottmann nennt Toleranz-
größen von 1 bis 3 %, weist aber mit Recht darauf hin,
dass solche Prozentzahlen nur sehr bedingt brauchbar
sind, denn bei kurzen Strecken erhält man zu kleine zu-
lässige Fehler, während sich bei langen Strecken viel zu
große ergeben."[109]

Hinsichtlich der Bedeutung des Schlosses gab es schon
die verschiedensten Interpretationen. Die von David A-
bulafia verwendeten Begriffe „Jagdschlösschen"[110] und
„Pavillon"[111] ignorieren Friedrichs eigene Worte, der ex-
pressis verbis ein „castrum", eine Burg, bauen wollte. Sie
sprechen auch deren beachtlichen Ausmaßen und ihrer
luxuriösen Ausstattung Hohn. Anderseits wäre das Kastell aber im Ernstfall als Verteidigungsanlage relativ unge-
eignet gewesen.

Zahlreiche Berechnungen, die anhand seiner Maße
durchgeführt wurden, ergaben dagegen überraschende
mathematische, astronomische und astrologische Bezüge.

Zunächst einmal ist das Bauwerk exakt nach dem Son-
nenstand ausgerichtet. Weiterhin erhält man durch die
Verbindung der Punkte des Sonnenauf- und -untergangs

---

[109] Götze, S. 149

[110] Abulafia, S. 263

[111] Abulafia, S. 272

zur Sommer- und Wintersonnenwende ein Rechteck, dessen Proportionen dem goldenen Schnitt entsprechen und das so nur auf der geographischen Breite von Castel del Monte gebildet werden kann.

Am Herbstanfang und somit zu Beginn des Sternzeichens Waage geht der Schatten des Gebäudes genau bis zur gegenüberliegenden Hofseite. Einen Monat darauf, beim Eintritt der Sonne in das Zeichen des Skorpions, hat er eine Länge, die der Hofbreite plus der Saalbreite entspricht. Und noch einen Monat später, beim Wechsel zum Sternzeichen Schütze, würde er theoretisch bis an die Außenkante der gegenüberliegenden Türme reichen.

Die Astronomie aber war eine islamische Wissenschaft! Schon der Kalif al-Ma'mûn ließ in Baghdad ein Observatorium zur Erforschung der Planetenbewegungen errichten und die ptolemäischen Tafeln überarbeiten. Im Zeitalter Friedrichs II. wurde das Observatorium in Marâgheh (Nordpersien) gebaut und gelangte unter seinem Leiter Nasir ed-Dîn at-Toussi – der zugleich ein angesehener schiitischer Theologe und Philosoph war – zu Weltruhm. Das Glanzstück dieser Anlage, in der Himmelsbeobachtungen und wissenschaftliche Berechnungen miteinander kombiniert wurden, war ein Sphärenglobus mit über drei Meter großen Kupferringen. Ein anderes berühmtes Observatorium stand in Toledo. Von ihm nahm der letzte muslimische König Yahyâ Ibn Ismâ'îl al-Quâdir ein Astrolabium ins Exil mit, als er vor den christlichen Eroberern fliehen musste. [112]

Auch bei den Nizariten hatte die Astronomie einen hohen Stellenwert. Hassan-i Sabbâh, der Gründer des Staates von Alamut, soll sie vor seiner Berufung studiert ha-

---

[112] Crespi, S. 92

ben und unter den Wissenschaftlern, die in den persischen Festungen Quhistân und Rûdbâr zu Gast waren, befand sich auch der oben erwähnte Nasir ed-Dîn at-Toussi. Vom ersten dâ'î[113] in Syrien ist als Name sogar nur noch seine Berufsbezeichnung überliefert: al-Hakîm al Munajjim – der Arzt und Astrologe.

Der Astronom al-Battâni[114], der die Schiefe der Ekliptik mit einer Abweichung von nur $^2/_{100}$ Grad gegenüber der modernen Datenverarbeitung berechnete, beschrieb den unmittelbaren Zusammenhang zwischen der Astronomie und dem islamischen Glauben, einen Zusammenhang, der – neben praktischen Erwägungen – die Haupttriebfeder für die Blüte dieser Wissenschaft war: „Durch die Sternenkunde erhält der Mensch Zugang zum Beweis der Einheit Gottes und zur Erkenntnis der Weisheit seines (Gottes) Werkes."[115]

Dankwart Leistikow äußert zwar Bedenken zu den aufgestellten astronomischen Aussagen zum Castel del Monte. Aber seine Begründung hierfür ist relativ dürftig, denn sie stützt sich einzig auf die Vermutung, dass die einstige Höhe der Hofwände nicht sicher feststellbar sei. Hier wäre allerdings nachzufragen ob sich seine Zweifel auf ein etwaiges drittes Stockwerk beziehen (von dem bis dato nichts bekannt ist) oder auf eine vier Zentimeter dicke Putzschicht (die für das Gesamtergebnis relativ irrelevant sein dürfte).

Wie die Astronomie war auch die Rechenkunst eine Domäne der Araber. Bekannt ist, dass Friedrich sich mit mathematischen Fragen bis nach Mossul wandte, mög-

---

[113] Missionar
[114] lebte ca. 858 – 929
[115] Garaudy, S. 118

licherweise auf Empfehlung von Magister Theodor, der dort bei Kamâladdîn Ibn Yûnus studiert hatte.

Der berühmte Mathematiker Leonardo Fibonacci aus Pisa, der von seinen Reisen in den Orient die arabischen Ziffern und das Dezimalsystem nach Europa mitgebracht hatte, stand mit dem Kaiser in persönlichem Kontakt. Er widmete ihm sein 1225 erschienenes Buch „Liber quadratorum" und ließ sich von ihm zu einer 1228 erschienenen Überarbeitung seines 1202 veröffentlichten Hauptwerkes „Liber Abaci" inspirieren. Fibonacci entwickelte u. a. die nach ihm benannte Fibonacci-Folge, bei der jede neue Zahl aus der Summe der beiden vorhergehenden gebildet wird. Schon dadurch, dass auch die Acht zu den Fibonacci-Zahlen gehört, ergibt sich ein weiterer Bezugspunkt zum Castel del Monte. Doch damit nicht genug: Der Quotient zweier aufeinander folgender Fibonacci-Zahlen nähert sich immer mehr dem Goldenen Schnitt Φ an, je größer diese beiden Zahlen sind. Und der Goldene Schnitt findet sich im Schloss nicht nur bei dem aus den Punkten des Sonnenauf- und -untergangs beim Solstitium (der Sonnenwende) gebildeten Rechteck (vgl. oben), sondern auch bei den Proportionen des Portals!

Zeitlich fällt der Beginn der Bauarbeiten am Castel del Monte unmittelbar hinter die zweite Exkommunikation, die Papst Gregor IX. gegen den Kaiser ausgesprochen hatte. Diese wurde Ostern 1239 von den Kanzeln verlesen und durch eine Hetzkampagne beispiellosen Ausmaßes untersetzt, in der Friedrich als Bestie und „König der Pestilenz" geschmäht wurde.

Der Kaiser sprach dem Bischof von Rom daraufhin das Recht ab, weiterhin als geistiger Führer der Christenheit zu fungieren. Und er ließ nach seinen eigenen Entwürfen an exponiertester Stelle das berühmte Schloss errichten,

98

dem man später den Beinamen „Krone Apuliens" gab. Schon am 29. Januar 1240 erging an den Justitiar der Capitanata, Ricardo de Montefuscolo die Anweisung „sofort den actractus[116] auszuführen", das heißt, das Baumaterial bereitzustellen. Unter Berücksichtigung der Planungsphase lässt sich der Bau somit als direkte und unmittelbare Antwort auf die päpstliche Exkommunikation interpretieren.

Im Klartext bedeutet dies: Friedrich krönte sein Königreich Sizilien mit einer maßstabsgerecht vergrößerten Kopie des wichtigsten ihm bekannten muslimischen Heiligtums! Und zwar maßstäblich vergrößert auf genau einhundert „große Ellen" des alten Testaments.

Nach allem ist Castel del Monte somit weder ein esoterischer Sonnentempel noch ein Jagdschloss oder ein „Ort der Erquickung"[117], sondern das steinerne Credo des größten mittelalterlichen Herrschers, der Clé de Voûte seiner lebenslangen Suche nach Erkenntnis.

Ein Schlussstein, der die anfangs zitierten Worte von Ibn al-Furât bestätigt: „In jenem Jahr starb Kaiser Friedrich ... Man sagt, dass der Kaiser insgeheim ein Muslim war."

---

[116] mehrfach belegter mittellateinischer Begriff, irrtümlich lange Zeit mit astracus (Estrich) verwechselt

[117] Masson, S. 182

Büste des Kaisers (heute im Kastell von Barletta,
Authentizität umstritten)

Schlussbetrachtung

Während Friedrich den Lehren der katholischen Kirche in der zweiten Hälfte seines Lebens zunehmend kritisch gegenüberstand, wurde der Glaube an Gott selbst von ihm nie in Frage gestellt. Dass dies nicht nur aus Gründen der Staatsraison geschah, sondern auch aus tiefer innerer Überzeugung, belegen insbesondere die bereits zitierten Quaestiones Sicilianae. Aus ihnen spricht sein großes Interesse an den existentiellen Fragen unseres Daseins und seine Suche nach Antworten darauf.

Bereits einige Jahre zuvor – wahrscheinlich während eines Kur-Aufenthaltes 1227 in Pozzuoli am Golf von Neapel – richtete er ähnlich hochinteressante Fragen an seinen Hofgelehrten Michael Scotus, die dieser in seinem „Liber introductorius" veröffentlichte.

Neben der Behandlung naturwissenschaftlicher Phänomene – wie Wasserkreislauf und Vulkanismus – bat ihn der Kaiser um Auskunft über die (physikalische) Grundlage der Erde und darüber, wie diese im Kosmos verankert sei, außerdem über die Anzahl, Lage, Steuerung und relative Größe der verschiedenen Himmel. Er erkundigte sich nach der genauen Lage des Paradieses, der Hölle und des Fegefeuers. Er wollte wissen, was mit den Seelen im Jenseits passiert und „wie es kommt, dass, wenn die Seele irgendeines Menschen zum anderen Leben hinübergegangen ist, ihr dann weder erste Liebe noch auch Hass ihr Anlass zur Rückkehr wird, gleich als wäre nichts geschehen und dass sie sich um alles Zurückbleibende gar nicht mehr zu kümmern scheint"[118].

---

[118] Heinisch S. 82

Sogar Gott selbst wurde zum Gegenstand des unerschöpflichen kaiserlichen Wissensdurstes: „In welchem Himmel Gott seinem Wesen nach ist, das heißt in seiner göttlichen Majestät, und wie er auf dem Himmelsthron sitzt, wie er umringt ist von Engeln und Heiligen, und was die Engel und Heiligen beständig tun im Angesicht Gottes?"[119]

Scotus war mit der Beantwortung verständlicherweise überfordert und „wenn man auch einräumt, dass es leichter ist, Fragen zu stellen, als sie befriedigend zu beantworten, so zeigen die Fragen des Kaisers den schärferen Geist und die durchdringende Intelligenz."[120] „Man möchte meinen, dass (Friedrich) nicht aus Unglauben so beharrlich dem Fortleben der Seele nachforschte, sondern weil er den Beweis durch die Vernunft und die Natur suchte."[121] Denn was unterschied ihn vom Gros seiner Zeitgenossen? Im Gegensatz zu ihnen war er gewohnt, Probleme streng wissenschaftlich anzugehen. Dies demonstrierte er eindrucksvoll in seinem berühmten Buch über die Falknerei, in dem er die Unverzichtbarkeit eigener Forschungen betonte, unseriöse Quellen verwarf und sogar den von ihm hochgeschätzten Aristoteles wegen jener Aussagen tadelte, die seinen eigenen Beobachtungen und Erkenntnissen offensichtlich widersprachen.

Aus dieser Einstellung heraus musste er zum „Erfassen der Gottheit als einer steten, von der Kirche unabhängigen Kraft"[122] gelangen, zu der Erkenntnis, „dass Gott kein bärtiger Greis, sondern das regierende Prinzip der

---

[119] Heinisch S. 81 f
[120] Haskins: Studies, S. 298; nach Heinisch S. 84
[121] Masson, S. 238
[122] Kantorowicz, S. 184

Welt sei."[123] Und indem er den Glauben an Gott bis zu
seinem Tode über die unterschiedlichen Wege stellte, auf
denen sich die Menschen diesem nähern, folgte er unmittelbar den islamischen Schlüsselsätzen „allâhu akbar"[124]
und „la ikraha fid dîn"[125], wie auch den Worten der zweiten Sure: „Diejenigen, die glauben, und diejenigen, die
Juden sind, und die Christen und die Sabier, – all die, die
an Gott und den Jüngsten Tag glauben und Gutes tun,
erhalten ihren Lohn bei ihrem Herrn, sie haben nichts zu
befürchten und sie werden nicht traurig sein."[126]

Fakt ist, dass er sich im Laufe seines Lebens langsam,
aber stetig vom Katholizismus weg und auf den Islam in
seiner Gesamtheit zu bewegte. Castel del Monte kommt
in der zeitlichen Abfolge nach der Pfalzkapelle Karls des
Großen, in der Friedrich die deutsche Krone erhielt und
sein Kreuzzugsgelübde ablegte. Und der Ornat des Sultans, in dem er beigesetzt wurde, kommt nach der
Mönchskutte, in der er starb. Dass es seine sarazenischen
Soldaten waren, die ihn umkleideten, ist wahrscheinlich.
Aber dass sie, die ihm bedingungslos ergeben waren, es
gegen seinen Willen taten, ist ausgeschlossen. Und glich
das graue Gewand der Zisterzienser darüber hinaus nicht
exakt dem der Sufis, der „mit Wolle bekleidete Asketen",
die bis heute die mystische Glaubensrichtung des Islam
repräsentieren?

Bemerkenswert ist die Argumentation des Kaisers in seiner Antwort auf die Exkommunikation durch den Papst:
„Zu Beginn der Welt hat die vorausschauende und un-

---

[123] Fernau, S. 101
[124] Gott ist groß (wörtlich: größer)
[125] Im Glauben gibt es keinen Zwang
[126] Der Koran, Sure 2, Vers 62

103

aussprechliche Fürsorge Gottes ... an das Firmament zwei Lichter gesetzt, ein größeres und ein kleineres: das größere, damit es den Tag, das kleinere, dass es die Nacht beherrsche. Diese beiden Lichter haben im Bereich des Tierkreises ihre besonderen Aufgaben, so dass, wenn sie sich auch oftmals von der Seite anblicken, doch das eine das andere nicht stört ... Ebenso hat dieselbe ewige Vorsehung auf der Feste der Erde zwei Herrschaften haben wollen: das Priestertum nämlich und das Kaisertum."[127]

Denn damit greift er unmittelbar auf den Koran zurück, in dem geschrieben steht: „Und ein Zeichen ist für sie die Nacht, wir ziehen von ihr den Tag weg, und schon befinden sie sich im Dunkeln. Und die Sonne läuft zu einem ihr bestimmten Aufenthaltsort. Sie eilt dem ihr gesetzten Ziel zu. Das ist die Bestimmung dessen, der mächtig ist und Bescheid weiß. Und den Mond haben wir in Stationen gemessen, bis er abnimmt und wie ein alter Palmstiel wird. Weder darf die Sonne den Mond einholen, noch kommt die Nacht dem Tag zuvor. Jedes Gestirn nimmt seinen Lauf in einer (eigenen) Sphäre."[128]

Wir haben gesehen, dass sich der Felsendom und das Castel del Monte nur zur Deckung bringen lassen, wenn man den richtigen Blickwinkel wählt und von jeweils drei konzentrischen Achtecken als Konstruktionsprinzip ausgeht. Das Experiment missglückt bei der Wahl der falschen Voraussetzungen, beim Begreifen des Kastells als Gebilde aus zwei Achtecken mit angesetzten Türmen. Das Gleiche gilt beim Blick auf die Religion des Kaisers. Solange man ihm als Voraussetzung für weitergehende Überlegungen ein – wenn auch wankelmütiges – Chris-

---

[127] Heinisch, S. 424
[128] Der Koran, Sure 36, Vers 37 ff

tentum unterstellt, müssen seine vielfältigen Beziehungen zum Islam irritierend erscheinen. Umgekehrt lassen sich seine intensiven Verflechtungen mit dem Christentum, seine Bekenntnisse zu Jesus und seine Verehrung für Maria ohne Schwierigkeiten erklären, wenn man davon ausgeht, dass er sich irgendwann in seinem Leben dem Islam zugewandt hat.

Denn im Koran werden sowohl Jesus als auch seine Mutter mit großem Respekt gewürdigt. Über Maria steht geschrieben: „Allah hat dich auserwählt und rein gemacht und er hat dich vor den Frauen der Weltenbewohner auserwählt."[129] Und zu Jesus heißt es: „Wir ließen nach ihnen (den anderen Propheten) Jesus, den Sohn Marias, folgen, damit er bestätige, was von der Thora vor ihm vorhanden war. Wir ließen ihm das Evangelium zukommen, das Rechtleitung und Licht enthält und das bestätigt, was von der Thora vor ihm vorhanden war, und als Rechtleitung und Ermahnung für die Gottesfürchtigen."[130]

Friedrich konnte also ohne Skrupel den äußeren Schein des christlichen Herrschers wahren und damit die Stabilität des Staates sowie die dynastischen Ansprüche seiner Söhne sichern. Daran, dass seine privaten Ansichten ganz andere waren, kann – wie Georgina Masson feststellte – kaum ein Zweifel bestehen. Was ihn am Orient „berauschte, war nicht so sehr die Weite des Raumes, auch nicht das sinnenhafte Zauberspiel des Ostens, das ihm, dem Sizilier, wie kaum einem anderen ‚von früh auf eigen war' ... ihn überwältigte eher die alle scholastischen und

---

[129] Der Koran, Sure 3, Vers 42
[130] Der Koran, Sure 5, Vers 46

kirchlichen Schranken aufhebende Weite und Unbegrenztheit des gelösten und freien Geistes."[131]

Ein einziges Mal war er gegenüber seinem Todfeind Innozenz IV. scheinbar zur Kapitulation bereit. Beim Konzil von Lyon, das seine Absetzung als Kaiser beschließen sollte, bot er ihm an, einen neuen Kreuzzug nach Palästina zu unternehmen und drei Jahre lang dort zu bleiben. Natürlich lässt sich dieser Vorschlag als Geste der Unterwerfung und als Ausdruck christlichen Glaubenseifers interpretieren. Doch welche Folgen hätte seine Umsetzung tatsächlich gehabt?

Friedrichs Exkommunikation wäre aufgehoben worden und er hätte seine europäischen Besitzungen geordnet an seine Söhne übergeben können. Zugleich hätte er den Rücken frei gehabt, um im Königreich Jerusalem einen völligen Neuanfang zu wagen, es gegen äußere und innere Bedrohungen zu schützen und nach seinen eigenen Vorstellungen strukturieren zu können. Das Königreich aber war schon stark mit islamischen Elementen durchsetzt und nach dem Verhalten des Kaisers während des Kreuzzuges 1229 sowie gegenüber seinen muslimischen Untertanen in Lucera kann kein Zweifel daran bestehen, dass er es unabhängig von seinen eigenen religiösen Standpunkten zu einem multikonfessionellen Staat, dem ersten modernen seiner Art, geformt hätte.

Welches wären seine Nachbarn gewesen? Nicht mehr das Patrimonium Petri, sein Erzfeind, sondern die Aijubiden und die Nizariten, zu denen beiden er freundschaftliche Beziehungen unterhielt und die er im Kampf gegen die aus dem Osten hereinbrechenden Mongolen hätte unterstützen können.

---

[131] Kantorowicz, S. 154

Friedrichs Äußerung zur Stellung des Kalifen und zu dessen Abstammung aus der Familie Mohammeds wurde bereits erwähnt. Gegenüber Fakhr ad-Dîn sagte er: „Das ist gut und der Einrichtung jener Toren, ich meine den Christen, weit überlegen. Denn diese nehmen als geistliches Haupt einen beliebigen Menschen ohne die geringste Verwandtschaft mit dem Messias und machen ihn zu seinem Stellvertreter. Der da, der Papst, hat keine Berechtigung solch einen Rang einzunehmen, wohl aber euer Kalif als Nachkomme von Mohammeds Oheim."[132]

Hierzu stellt Francesco Gabrieli fest: „Wenn er noch mehr Erfahrungen mit dem Islam gemacht hätte, hätte er sicherlich den schiitischen Imam dem sunnitischen Kalifat als den einzigen Bewahrer der beiden Gewalten, der geistlichen und der weltlichen vorgezogen. Wer weiß, ob er nicht mit politischer Sympathie den Großmeister der Assassinen betrachtet hätte, jenen gefürchteten Alten vom Berge."[133] In Friedrichs aristokratisches Weltbild und Selbstverständnis hätten die schiitischen Imame allerdings noch besser hineingepasst als die sunnitischen Kalifen. Denn während letztere nur auf ihre Abstammung aus der Familie des Propheten verweisen konnten, leiten die Imame bis heute ihren Stammbaum von Mohammed selbst ab, als direkte Nachkommen seiner Tochter Fatima und seines Cousins und Schwiegersohns Ali Ibn Abi Talib, des vierten Kalifen und ersten Imams. Dieser definierte übrigens die Masse so, wie es auch dem Staufer gefallen hätte: „Eine folgsame Herde von Vieh, die jedem Schreihals nachläuft und an Wissenschaft und Erkenntnis keinen Gefallen findet. Man vergleicht die

---

[132] nach Kantorowicz, S. 151, vgl. Horst, S. 72
[133] Gabrieli, S. 85

Menge auch zu Recht mit einem Heuschrecken-schwarm."[134]

Nun haben wir aber gesehen, dass der Kaiser sehr wohl Erfahrungen mit dem schiitischen Islam gemacht hat. Schon während seiner Jugend wurde er mit den Relikten der fatimidischen Epoche auf Sizilien konfrontiert. Später pflegten er und seine Söhne diplomatische Beziehungen mit dem syrischen Nizariten-Staat, tauschten Gesandtschaften aus und schickten dem „Alten vom Berge" kostbare Geschenke.

Es liegt also durchaus nahe, Gabrielis Gedankenspiel als realistisches Szenario zu begreifen. Für Friedrichs Selbstdarstellung als katholischer Kaiser würde dies eine weitere Erklärung liefern: Die Schiiten waren in ihrer langen Geschichte eher selten an der Ausübung der Macht beteiligt und dafür umso öfter Opfer von Unterdrückung und Gewaltherrschaft. Deshalb ist ihnen ausdrücklich die ta-kiyya gestattet, die Verheimlichung ihres religiösen Bekenntnisses. Sie ermöglichte ihnen in Zeiten der Verfolgung das Überleben und den Fortbestand der Gemeinschaft. Die Geheimhaltung wurde so zu einem politischen Instrument, das Dsch'afar as-Sadiq, der sechste Imam, wie folgt umschrieb: „Unser Ziel ist ein Geheimnis im Geheimnis, das Geheimnis von etwas, das verhüllt bleibt, ein Geheimnis, das sich nur durch ein anderes Geheimnis erschließt; es ist das Geheimnis eines Geheimnisses, das durch ein Geheimnis verschlossen bleibt."[135]

Nach diesem Prinzip lebte Ali as-Sulaihi, der Gründer des jemenitischen Fatimidenreiches, fünfzehn Jahre in einer

---

[134] Mernissi, S. 215
[135] Mernissi, S. 165

Doppelrolle, ehe er nicht nur Sana'a, sondern sogar die heilige Stadt Mekka für die ismailitischen Schiiten eroberte. Und nach diesem Prinzip hätten auch Friedrich oder Manfred zum passenden Zeitpunkt ihr Reich von der Spitze her reformieren können.

Unfreiwillig liefert sogar der tote Kaiser noch eine Parallele zum schiitischen Islam. Es ist mehrfach vorgekommen, dass Imame verschwanden, nach der Überzeugung der Gläubigen im Verborgenen weiterlebten und irgendwann wieder auftauchen sollten. So Muhammad (der zwölfte Imam der deshalb so genannten Zwölfer-Schiiten), Abu Mohammed Obeid Allah al-Mahdî (der Gründer des Fatimiden-Kalifats) oder der fatimidische Imam und Kalif al-Hakim (der bis heute von den Drusen verehrt wird).

Auch Friedrich durfte nach dem Glauben des Volkes nicht sterben. In Deutschland ging die Sage um, er schliefe im Kyffhäuser und werde wieder zurückkommen, um Reich und Volk aus der Not zu erlösen.[136] In Italien erzählte man sich das Gleiche, nur dass er dort im Ätna sitzen sollte. Und für die ganz Ungeduldigen tauchten im Jahrhundert nach seinem Tod immer wieder mehr oder weniger zwielichtige Gestalten auf, die sich als seine Wiedergeburt feiern ließen, so zum Beispiel der 1285 in Wetzlar verbrannte Tile Kolup.

Im Orient aber, so heißt es, trügen die Frauen als Zeichen ihrer Trauer schwarze Gewänder, seit der Staufer sie verlassen hätte[137].

---

[136] Später wurde diese Legende auf seinen Großvater Barbarossa übertragen

[137] Kantorowicz, S. 151

Chronologische Aufstellung
wichtiger Ereignisse

1186	Heinrich VI., der Sohn Kaiser Barbarossas, heiratet Konstanze, die Tochter des sizilischen Normannenkönigs Roger II.
1194	Friedrich wird am 26. Dezember in Jesi geboren
1197	Wahl Friedrichs zum deutschen König Sein Vater, Kaiser Heinrich VI., stirbt
1198	Innocenz III. wird Papst Friedrichs Onkel Philipp von Schwaben wird deutscher König Krönung Friedrichs zum König von Sizilien Kaiserin Konstanze stirbt und Papst Innocenz III. erhält die Vormundschaft über Friedrich und das Königreich Sizilien
1208	Ermordung König Philipps Wahl Ottos IV. zum deutschen König Friedrich wird volljährig
1209	Friedrich heiratet Konstanze von Aragon Innocenz III. krönt Otto IV. zum Kaiser
1212	Friedrich zieht nach Deutschland, wird erneut zum deutschen König gewählt und in Mainz gekrönt

1214	König Philipp von Frankreich besiegt in der Schlacht bei Bouvines Otto IV. und übersendet Friedrich den erbeuteten Reichsadler
1215	Nochmalige Krönung Friedrichs in der Pfalzkapelle Karls des Großen in Aachen und Ablegung seines Kreuzzuggelöbnisses
1220	Friedrich wird Kaiser des Heiligen Römischen Reiches, sein Sohn Heinrich (VII.) deutscher König Assisen von Capua
1222-1225	Kampf gegen die aufständischen Sarazenen auf Sizilien
1224	Friedrich gründet die Universität Neapel und die Sarazenenkolonie Lucera
1225	Friedrich heiratet Isabella von Brienne, die Thronerbin des Königreichs Jerusalem
1227	Friedrich muss den Kreuzzug wegen des Ausbruchs der Cholera in Brindisi verschieben und wird von Papst Gregor IX. gebannt
1228	Friedrich bricht zum Kreuzzug nach Palästina auf
1229	Friedrich schließt im Vertrag von Jaffa Frieden mit dem ägyptischen Sultan al-Kamîl und erhält u. a. Jerusalem zurück Päpstliche Truppen dringen in Sizilien ein und werden von Friedrich nach seiner Rückkehr vertrieben

1230	Frieden zwischen Kaiser und Papst im Vertrag von Ceprano, daraufhin Aufhebung des Kirchenbanns
1231	Konstitutionen von Melfi
1235	Zug Friedrichs nach Deutschland und Absetzung seines Sohnes Heinrichs VII. als deutscher König Friedrich heiratet Isabella Plantagenet v. England
1236	Friedrichs Sohn Konrad (IV.) wird neuer deutscher König
1237	Friedrich siegt in der Schlacht von Cortenuova über die aufständischen lombardischen Städte
1238	Sultan al-Kamîl von Ägypten stirbt
1241	Papst Gregor IX. stirbt
1243	Innocenz IV. wird Papst
1245	Innocenz IV. erklärt Friedrich auf dem Konzil zu Lyon für abgesetzt
1246 /47	In Deutschland werden Heinrich Raspe von Thüringen und Wilhelm von Holland zu Gegenkönigen gewählt
1250	Friedrich stirbt am 13. Dezember in Castel Fiorentino Sein Sohn Manfred wird Statthalter (ab 1258 König) des Königreiches Sizilien
1254	Konrad IV. stirbt
1266	König Manfred fällt in der Schlacht von Benevent

1268	Friedrichs Enkel Konradin von Schwaben wird in Neapel enthauptet

Vor allen aber strahlte von der Staufischen
Ahnmutter aus dem süden her zu gast
Gerufen an dem arm des schönen Enzio
Der Grösste Friedrich · wahren volkes sehnen ·
Zum Karlen- und Ottonen-plan im blick
Des Morgenlandes ungeheuren traum ·
Weisheit der Kabbala und Römerwürde
Feste von Agrigent und Selinunt.

(Stefan George: Die Gräber in Speier)[138]

---

[138] Der große Historiker und Friedrich-Biograph Ernst Kantorowicz
war stark beeinflusst durch Stefan George und gehörte – wie auch
die Widerstandskämpfer Claus und Berthold von Stauffenberg –
zum sogenannten George-Kreis

Literaturverzeichnis

Abulafia, David: Herrscher zwischen den Kulturen. Friedrich II. von Hohenstaufen. Siedler Verlag. Berlin, 1991

Antes, Peter: Der Islam als politischer Faktor. Niedersächsische Landeszentrale für politische Bildung. Hannover, 1997

Abend, Bernhard et al.: Baedeker Italien, Süden. Karl Baedeker GmbH. Ostfildern, 2003

Bilderheft der Staatlichen Museen zu Berlin – Preußischer Kulturbesitz, Heft 77/78: Das Staunen der Welt. Berlin, 1995

Boulle, Pierre: Der denkwürdige Kreuzzug Kaiser Friedrichs II. von Hohenstaufen. Christian Wegner Verlag. Hamburg, 1970

Brentjes, Burchard: Die Kunst der Mauren. Islamische Traditionen in Nordafrika und Südspanien. DuMont Buchverlag. Köln, 1992

Brockhaus – Die Enzyklopädie. 20. Auflage. F. A. Brockhaus. Leipzig – Mannheim, 1999

Cartellieri, O.: König Manfred. Stabilimento Tipografico Virzi. Palermo, 1910

Crespi, Gabriele: Die Araber in Europa. Belser Verlag. Stuttgart u. Zürich, 1992

Daftary, Farhad: A short history of the Ismailis. Edinburgh University Press. Edinburgh, 1998

Daftary, Farhad: The Ismailis: Their history and doctrines. Cambridge University Press. Cambridge, 1990

Davidson, Cynthia C.: Legacies for the future – Contemporary Architecture in Islamic Societies. Thames and Hudson Ltd. London, 1998

Denffer, Ahmad v. (Hrsg): Allahs Gesandter hat gesagt: ... Haus des Islam: Lützelbach, 1984

Der Koran. Übersetzung von Adel Theodor Koury. Gütersloher Verlagshaus Gerd Mohn. Gütersloh, 1992

Eco, Umberto: Nachschrift zum „Namen der Rose". Deutscher Taschenbuchverlag, München, 1986

Finley, Moses: Geschichte Siziliens und der Sizilianer. C. H. Beck'sche Verlagsbuchhandlung. München, 1989

Frishman, Martin u. Khan, Hasan-Uddin: Die Moscheen der Welt. Campus-Verlag. Frankfurt, 1995

Gabrieli, Francesco: Die Kreuzzüge aus arabischer Sicht. Deutscher Taschenbuch Verlag. München, 1976

Garaudy, Roger: L'Islam habite notre avenir. De Brouwer. 1981

Gärtner, Otto et. al.: Baedeker Israel. Karl Baedeker GmbH. Ostfildern (Kemnat) bei Stuttgart, 1995

Geldner, Ferdinand: Konradin – Das Opfer eines großen Traumes. Meisenbach. Bamberg, 1970

Götze, Heinz: Castel del Monte: Gestalt und Symbol der Architektur Friedrichs II. Prestel Verlag. München, 1991

Halm, Heinz: Die Schia. Wissenschaftliche Buchgesellschaft. Darmstadt, 1988

Hampe, Karl: Geschichte Konradins von Hohenstaufen. F.F.Koehler Verlag. Leipzig, 1940

Heinisch, Klaus J.: Kaiser Friedrich II: in Briefen und Berichten seiner Zeit. Wissenschaftliche Buchgesellschaft. Darmstadt, 1978

Historic Cities Support Programme. The Aga Khan Trust for Culture. Genf, 1996

Horst, Eberhard: Der Sultan von Lucera. Friedrich II. und der Islam. Verlag Herder. Freiburg, 1997

Idrîsî: Description de l'Afrique et de l'Espagne. Leiden, 1866

Kaiser Friedrich der Zweite: Über die Kunst mit Vögeln zu jagen (übertr. u. hrsg. von Carl Arnold Willemsen) Insel-Verlag. Frankfurt a.M., 1964

Kantorowicz, Ernst: Kaiser Friedrich II. (Neuausgabe). Klett-Cotta. Stuttgart, 1998

Khoury, Adel Theodor et al: Islam-Lexikon. Herder. Freiburg, Basel, Wien, 1991

Knaak, Alexander: Prolegomena zu einem Corpuswerk der Architektur Friedrich II. von Hohenstaufen im Königreich Sizilien. Jonas-Verlag. Marburg, 2001

Konstam, Angus: Die Geschichte der Kreuzzüge. Tosa Verlag. Wien, 2002

Leistikow, Dankwart: Castel del Monte – Baudenkmal zwischen Spekulation und Forschung. In: Rueß, Karl-Heinz: Staufisches Apulien. Gesellschaft für staufische Geschichte e.V. Göppingen, 1993

Leroux-Dhuys, Jean-François: Die Zisterzienser. Geschichte und Architektur. Könemann-Verlagsgesellschaft. Köln, 1998

Masson, Georgina: Friedrich II. von Hohenstaufen. Eine Biographie. Rowohlt Taschenbuch Verlag. Reinbeck bei Hamburg, 1991

Mernissi, Fatema: Die Sultanin. Luchterhand Literaturverlag. Frankfurt a.m., 1991

Milger, Holger: Die Kreuzzüge. C. Bertelsmann Verlag. München, 1988

Mühlberger, Josef: Konradin von Hohenstaufen. Bechtle. Esslingen, 1982

Neumann, Ronald: Untersuchungen zu dem Heer Kaiser Friedrichs II. beim Kreuzzug. In: Militärgeschichtliche Mitteilungen. Militärgeschichtliches Forschungsamt München, Band 54, 1995, S. 1 - 30

Niese Hans: Zur Geschichte des geistigen Lebens am Hofe Kaiser Friedrichs II. Wissenschaftliche Buchgesellschaft. Darmstadt, 1967

Petersen, Andrew: Dictionary of Islamic Architecture. Routledge. London, 1990

Pfister, Kurt: Konradin. Der Untergang der Hohenstaufen. Paul Hugendubel Verlag. München, 1941

Putzger, F. W.: Historischer Weltatlas. Velhagen & Klasing. Berlin und Bielefeld, 1963

Ranke-Heinemann, Uta: Eunuchen für das Himmelreich. Katholische Kirche und Sexualität. Hoffmann und Campe. Hamburg, 1988

Rill, Bernd: Sizilien im Mittelalter: Das Reich der Araber, Normannen und Staufer. Belser. Stuttgart [u.a.], 1995

Rösch, Eva Sybille und Gerhard: Kaiser Friedrich II. und sein Königreich Sizilien. Jan Thorbecke Verlag. Siegmaringen 1995

Rotter, Ekkehart: Apulien: Byzantinische Grottenkirchen, normannische Kathedralen, staufische Kastelle, Lecceser Barock. DuMont-Buchverlag. Köln, 2000

Rotter, Ekkehart: Friedrich II. von Hohenstaufen. Deutscher Taschenbuch Verlag. München, 2000

Rotter, Ekkehart: Kalabrien – Basilikata: Hauptorte der Magna Graecia, byzantinische und normannisch-staufische Architektur, die Höhlenstadt Matera. DuMont-Buchverlag. Köln, 2002

Rotter, Gernot: Syrien. Edition Erde im BW-Verlag. Nürnberg, 1995

Schaller, Hans-Martin: Die Frömmigkeit Kaiser Friedrichs II. In: Das Staunen der Welt. Kaiser Friedrich II. von Hohenstaufen. Schriften zur staufischen Geschichte und Kunst, Band 15. Gesellschaft für staufische Geschichte. Göppingen , 1996, S. 128 - 151

Schaller, Hans-Martin: König Manfred und die Assassinen. In: Deutsches Archiv für Erforschung des Mittelalters Monumenta Germaniae Historica <München>. 21. Jg. (1965), S. 173 – 193

Schimmel, Annemarie / Franz Carl Endres: Das Mysterium der Zahl. Zahlensymbolik im Kulturvergleich. Heinrich Hugendubel Verlag. München, 1984

Schimmel, Annemarie: Meine Seele ist eine Frau. Das Weibliche im Islam. Kösel-Verlag. München, 1995

Simon, Karl Günter: Islam. GEO im Verlag Gruner + Jahr. Hamburg, 1991

Sourdel-Thomine, Janine / Spuler, Berthold: Die Kunst des Islam. Propyläen Kunstgeschichte. Frankfurt a.M./Berlin, 1990

Steinbach, Udo/Ende, Werner: Der Islam in der Gegenwart. C.H.Beck'sche Verlagsbuchhandlung. München, 1991

Stierlin, Henry u. Anne: Islam. Von Bagdad bis Cordoba. Frühe Bauwerke vom 7. bis 13. Jahrhundert. Taschen Verlag, Köln, 1996

Stürner, Wolfgang: Friedrich II. Teil 1, Die Königsherrschaft in Sizilien und Deutschland. Wissenschaftliche Buchgesellschaft. Darmstadt, 1992

Stürner, Wolfgang: Friedrich II., Teil 2, Der Kaiser. Wissenschaftliche Buchgesellschaft. Darmstadt, 2000

The Aga Khan Award for Architecture. 1977 – 1998; Background Information; 1998 Award Recipients; Dossier de presse. Genf, 1998

Tragni, Bianca: Der mythische Friedrich II. von Hohenstaufen. Mario Adda Editore. Bari 2007

Vitray-Meyerovitch, Eva de: Mekka und Medina – Die Städte des Propheten. Verlag Herder. Freiburg im Breisgau, 1982

Wahl, Rudolph: Wandler der Welt : Friedrich II., der sizilische Staufer. 2. Aufl., Bruckmann. München, 1949

Wensinck, A. J. / Kramers, J. H. (Hrsg.): Handwörterbuch des Islam. E. J. Brill, Leiden, 1976

Wolf, Gunther Stupor mundi: zur Geschichte Friedrichs II. von Hohenstaufen. Wissenschaftliche Buchgesellschaft. Darmstadt, 1982